4つの性格タイプから見つける いつの間にか人生が変わる服

パーソナルスタイリスト
みなみ佳菜

Discover
ディスカヴァー

「自分に本当に似合う服」は内面をじっくり見つめることから！

こんにちは！　〝装いのチカラ〟をテーマに活動していますパーソナルスタイリストのみなみ佳菜です。

パーソナルスタイリストとは、一般の個人の方を対象に、日常で着るお洋服全般のご相談を受け、お悩みを解決するスタイリストです。

雑誌やテレビで活躍されているスタイリストの方々はいわゆる「メディアスタイリスト」といって、女優さんやモデルさんといった〝見られるプロ〟の服選びをしていますが、私のお客様はあくまで一般の方々。雑誌の中の1枚の写真、ドラマの1シーンのような〝一瞬の輝き〟ではなく、**日々の生活の中でその人らしい魅力が伝わる〝持続性のある輝き〟**を目指して、日々、クローゼットチェックやお買い物の同行などに走り回っています。

みんな「自分らしい服」を探している

私がなぜここまで服に情熱をかけるのか。長い長い話になりそうですので、簡単にお話しさせてください。私のキャリアのスタートは外資系アパレルブランドの販売でした。売上全国首位などの実績が認められて早くにマネジャーの要職を任されましたが、「一人ひとりのお客様にもっと深く関わりたい」という思いから、退職。パーソナルスタイリングの第一人者・政近準子さんのもとで修業し、スタイリストとして独立して9年目を迎えます。ありがたいことに予約を何ヵ月もお待ちいただくほどのご愛顧をいただいています。服でお客様を笑顔にすることが大好きで、この22年間で7000人以上の方にスタイリング提案をしてきました。

「スタイリストにお願いできる人なんて、ほんの一握りのお金持ちだけでしょ？」と思われるかもしれませんね。いいえ、そんなことはありません！　私にご連絡をくださり、リピートしてくださる方々の大半は一般の会社勤めの方。起業準備中の方や、専業主婦の方、就職活動中の学生さんも中にはいらっしゃいます。皆さんに共通するのは、**「自分にぴったりの服を知りたい！」**というニーズです。

世の中にはこれだけたくさんのファッション誌が出ていて、おしゃれの見本になるモデルさんもいます。街を歩けば、お店に素敵な服がずらりと並んでいます。では、どうして「私に似合う1着」を自信を持って選べないのでしょうか？

内面と外見のミスマッチが大切な人を遠ざけている!?

あるいは、こんな経験はないでしょうか？　雑誌で見て素敵だと思って買った服なのに、ほとんど着ないことがある。普段通りなのに、周りから「ちょっと疲れていない？」と心配されることがある。友達から「第一印象と、実際のキャラが違うよね」と言われたことがある。相手から積極的に言われておつきあいを始めたのに、いつも長続きしない。せっかくつかんだ仕事の縁が、なかなか発展しない――。

これらの原因は、ズバリ、**〝内面と外見の不一致〟**です。あなたの性格の本質（＝内面）が、まったく服（＝外見）に表現されていないのです。つまり、内と外のミスマッチが生じているということ。

外から見た印象と実際の中身が違うと、相手は「あれ？　こういう人だと思ったのに、なんだか違うな」と違和感を抱いたり、「ちょっと不思議な人だな」と距離を置きたくなったりしてしまうのです。

内面と外見がぴったりとマッチしていると、「思った通りの人だ」と安心してコミュニケーションがとれるため、信頼関係が早く築けます。「この人は自由な発想をしそうだから、クリエイティブな仕事を任せてみよう」「リラックスした自然体の雰囲気がある人だから、野外イベントに誘ってみよう」と、無理なく楽しめる縁が舞い込んできます。その人らしさがストレートに伝わるため、相手に魅力的な印象を与え、仕事や恋愛もみるみる発展するのです。

実際、私のお客様の中にも、〝内面と外見の不一致〟を修正したことで、人生が大きく転換した方がたくさんいます。婚活中だった30代の女性は、結婚相談所のスタッフからすすめられてフワフワフリル系のフェミニンな服ばかりお持ちでしたが、8年登録してもご縁に恵まれませんでした。よく話を聞くと、フラダンスが大好きなポップな性格の方で、見た目もキュート。元気なオレンジを取り入れた服を提案したところ、「結婚が決まりました！」とお手紙をくださいました。

ある大企業取締役の女性はダークスーツばかりのワードローブでしたが、エレガントで柔らかな内面を表すために明るいブルーグレーのジャケットを提案。社内の若い女性たちから「憧れのロールモデル」としてますます注目されているそうです。

ブラックスーツで無理をしていた中間管理職時代

かくいう私にも失敗経験があります。30歳そこそこで米ラグジュアリーブランドのエリアマネジャーになった時、私は急にブラックスーツを着るようになりました。本当は明るく好奇心旺盛で、どちらかというと〝ゆるキャラ〟系の性格なのに、プレッシャーから〝鎧《よろい》〟を着てしまったんですね。ところが、その鎧は本来味方にすべき人まで遠ざけてしまい、部下とのコミュニケーションがうまくいかなくなってしまいました。さらに、黒という強い色を無理して身につけていることによって、かえって自信のなさが際立ってしまっていました。失敗に気づき、自分の性格を反映した服を選ぶようにしたら、部下ともお客様とも自然体で接していけるようになりました。

自分らしい服と出会う第一歩は、あなたの性格の本質を見極めることから。私はこれこそがスタイリングの核だと確信しています。

ここさえ押さえれば、「似合う服が分からない」といった服選びの悩みはもちろん、「仕事や恋愛がなぜかうまくいかない」といった人生全体のモヤモヤまで解決できてしまう。だから、ひとりでも多くの人にお伝えしたいのです！

内面（性格）＝外見（装い）

↓自分らしさがストレートに伝わって、縁を引き寄せる！

内面（性格）≠外見（装い）

↓自分らしさが伝わらず、誤解されたり、空回りしたり……

「内面と外見の不一致」を解消できれば、一瞬であなたの魅力が相手に伝わる〝本当に自分らしい服〟が見つかります。自分が言いたいこと、伝えたいと思うことが、それほどがんばらなくても相手に伝わりやすくなる変化に気づくでしょう。「私はこういう人です」というメッセージが服で表現できれば、周囲の人とのコミュニケーションが円滑になります。無理なく過ごせるのでラクにも感じるはずです。

〝相手へのリスペクト〟を伝えるＴＰＰＯとフォーカジランク

自分らしさを表現できる服を見つける。これだけでも充分に〝装いのチカラ〟が発揮されるわけですが、もうひとつ、知っておきたいのは**〝他者にとっての心地よさを高める〟**という視点です。〝自分らしさ〟を求めるだけでは、どうしてもひとりよがりになってしまいますから、相手や出向く場に対するリスペクトを表現するためのノウハウも大切になりますよね。

押さえておきたいのは、「ＴＰＰＯ」と「フォーカジランク」の2つの考え方。

「ＴＰＰＯ」とは、「いつ（Time）、どこで（Place）、何をするか（Occasion）」のい

わゆる「TPO」に、「誰と（Person）」という相手の想定も加えたものです。〝Aさんのために〟と意識して選んだ服を着ると、必ずその気持ちはAさんに伝わります。相手には「あなたのことを大切に考えています」というどんなギフトにも勝るメッセージが伝わるのです。

一方、「フォーカジランク」とは「フォーマル&カジュアルランク」の略で、要は**その場に合う服のフォーマル〜カジュアルの度合いを段階に分けて整理しながら服を選ぶ考え方。**これ、ゴチャゴチャになっている方がとても多いのですが、社会人には絶対必要な視点です！　場にふさわしい装いをすることで、相手に〝心構え〟が伝わるからです。本来はフォーマルな場にカジュアル過ぎる服を着ると「この場を軽んじている」と思われますし、逆にカジュアルシーンにフォーマル度の高い服を着ると「カタ過ぎる」と敬遠されてしまいます。

「TPPO」と「フォーカジランク」で相手に対するリスペクトと心構えが伝われば、あなたが実現したい夢や目標はますます近くに引き寄せられます。この本を手にとってくださった皆さんには、惜しみなくそのノウハウをお伝えします。

この本でお伝えしたいスタイリングのステップ

自分の性格タイプをチェック（P18〜）
↓性格タイプに合ったファッションタイプを知る
【ありのままの〝自分らしさ〟を表現できる服が見つかる】

＋

相手に対するリスペクトを表す「TPPO」&
シーンに合った心構えを表す「フォーカジランク」（P50〜）
【会った相手に心地よく感じさせる服になる】

まずは11アイテムの服さえそろえればＯＫ！（Ｐ74〜）

Change!

初対面でも一瞬で魅力が伝わって

コミュニケーションが円滑に！

目標や夢を引き寄せて

人生がどんどんどんうまく回り始める！

Contents

2章 タイプ別「これさえあれば」の11着と着回しコーディネートレッスン

Lesson

Column 3

3章

さらにワンランク上の着こなしに挑戦！
7つのキーワードと3つのテクニック

1章

「また会いたい」と
思われる
私らしく輝く服の
見つけ方

「自分らしく輝ける服」は、ファッション誌の中にも、モデルさんのおしゃれな洋服の中にもありません。それは、あなた自身の内面を見つめれば自然と見えてくるものなのです。忙しい毎日の中でついおろそかにしがちな“私らしさ”を見つける第一歩を一緒に踏み出しましょう。

自分らしい装いの第一歩
まずは自分の「性格タイプ」をチェック！

「服について相談しようと思ったのに、クローゼットチェックよりも先に〝性格〟のカウンセリングをするんですか……？」

私のもとに初めて相談にいらっしゃる方は、たいていちょっと驚いた顔をされます。

はい。私が最初に行うカウンセリングは、「どんな服を持っていますか？」というワードローブチェックではなく、「あなたはどんな人ですか？」という内面のチェック。

ここまでお話ししてきた通り、**自分らしい装いに近づく第一歩は「性格のセルフチェック」であり、それこそが大事**だということが、みなさんにお伝えしたいコアの部分だからです。

自分の性格というのは、わかっているようで、実はあらためて考えてみる機会がなかなかないもの。いきなり「あなたはどんな性格ですか?」と聞かれても、なんと表現していいかちょっと迷ってしまいますよね。

ということで、私が普段使っている性格タイプチェックシートを次のページに用意しました!

チェック方法はいたってシンプル。ずらっと並んだ項目を見ながら、自分に当てはまると思うものにチェックを入れていってください。チェックの数はいくつでも結構です。あまり深く考えず直感で進めていきましょう。

すべてチェックし終えたら、4色に分かれたゾーンの中でいちばんチェックの多かったゾーンと2番目にチェックの多かったゾーンを確認。ここまで進んだら、ページをめくって22〜23ページへ。ここでは、ゾーン別の性格タイプが解説してあります。チェックを多く入れたゾーンと同じ色の性格タイプが、あなたの性格タイプです。

3分もあれば完了するので、今すぐやってみてください。

下記のチェック項目の中から、「自分らしい」と感じるものに直感でチェックを入れてください。

親しい友人や家族に聞きながらでもＯＫです。

４つのタイプのうち、最も多くチェックがついたものと、その次にチェックが多かったゾーンを確認してください。

- □明るく快活
- □面白いこと、楽しいこと、ワクワクすることが好き
- □「ムードメーカーだね」と言われる
- □感情や直感を重視する
- □気分で意見や行動が変わりやすい
- □社交的なほう
- □キャラクターものはつい手にとってしまう
- □束縛されるのが嫌い
- □お茶目でおきゃん
- □人と違ったことをするのが好き
- □自由であることが大事
- □「元気だね」「若いね」と言われる

□個

- □じっくり考えてから行動する慎重派
- □安定志向だと思う
- □「落ち着いているね」と言われる
- □社会的信用を大切にする
- □堅実なものに惹かれる
- □ナチュラル素材やオーガニック商品が好き
- □環境が大きく変わるのは嫌
- □やや頑固なところがある
- □力の抜けた自然体でありたい
- □常識を重んじる
- □「分析力がある」と言われたことがある
- □豊かな自然に触れる時間を大事にしたい

□個

まずはあなたの“内面”の本質をチェック！

「4つの性格タイプ」チェックシート

□思いやりを大切にしたい
□協調性がある
□人の和（輪）が大事
□「雰囲気が柔らかいね」と言われる
□気配りをするのが好き
□どちらかというと控えめなほう
□人に尽くすタイプだと思う
□強く主張するのは苦手
□フワッとした可愛いものが好き
□献身的でありたい
□決断に時間がかかる
□「やさしいね」と言われる

個

□行動力がある
□即断即決重視
□存在感があるほうだと思う
□リーダーシップがある
□自分に自信がある
□「クールだね」と言われる
□すぐに白黒ハッキリ付けたい
□自分で決めたい
□ゴールや目的を明確にしたい
□単刀直入にものを言う
□効率重視
□直線的なデザインやモノトーンが好き

個

いかがでしょうか？
思っていた通りだったり、意外だったり、いろいろだと思います。
いちばん多くチェックがついたものがメインのタイプ、
2番目がサブのタイプです。

カジュアルな印象

オレンジ色にチェックの多かったあなたは

ポップキュートタイプ

快活・お茶目

目立つ

ミドリ色にチェックの多かったあなたは

シックナチュラルタイプ

自然体・落ち着き

なじむ

[診断結果]

あなたの性格は…

きちんとした印象

かわいい

ピンク色にチェックの多かったあなたは

ソフトフェミニンタイプ

優しい・献身的

なじむ

かっこいい

水色にチェックの多かったあなたは

クールシャープタイプ

存在感・凛とした

目立つ

〝自分らしさ〟を服で表現できたらすべてがうまくいく！

チェックリストをやってみて、いかがでしたか？

ひとりでやってみるだけでも充分に〝自分再発見〟の機会になるはずですし、親しい人から意見を聞くのもいいと思います。もし可能であれば、仕事でときどき顔を合わせる同僚など、近過ぎない距離にいるお知り合いにもチェックをしてもらってみてください。「え？　こんなふうに見られていたの？」という結果になれば、それは〝内面と外見の不一致〟が生じている証拠です。

私の実感としては、**8割以上の方がこの〝内面と外見の不一致〟に気づかぬまま過ごしています。**8割も！　それで大切なご縁を逃がしているのですから、本当にもったいないことです。

メインとサブの2つの〝混合タイプ〟で見極めを

さて、結果が出たところで、４つのタイプについて解説していきましょう。

①ソフトフェミニンタイプ

誠実さ、思いやりを大切にする方。柔らかくフェミニンな雰囲気を持っていて、気配り上手。競争はあまり好まず、誰かをサポートしたり、ケアするのが好き。エレガントなレースや小花柄の小物をよくお持ちです。看護師さんや保育士さん、福祉関係にお勤めの方に多いです。芸能人でいうと、綾瀬はるかさん、蛯原友里さん、吉永小百合さんなど。

②ポップキュートタイプ

明るく元気でキュート。自由を愛し、人と違ったユニークなことが大好き。大人になると「子どもっぽく見られるから」と内面の本質を隠してしまう人が多いのですが、

〝ワクワク〟を周囲に伝えて引っ張っていくパワーは表に出すほうが吉。ドットやチェック柄、ポップなキャラクターに惹かれるタイプ。美容師さんやクリエイターの方に多いですね。千秋さん、木村カエラさん、オセロの松嶋尚美さんなど。

③シックナチュラルタイプ

肩の力が抜けたリラックスした自然体を好むタイプ。落ち着きがあって、地に足のついた安定を求めます。信頼感を重視するので、大人のふるまいができます。全体の印象として、あったかい雰囲気を持っています。服でもリラックス感を求める結果、ややルーズになりがちなのでフォーマル感をプラスする意識が大切に。食や健康関係の職業に就いている人に多いようです。山口智子さん、杏さん、長谷川潤さんなど。

④クールシャープタイプ

強い説得力と存在感のある、まさにクール&シャープな方。ストレートな物言いで、ロジカルに効率よくものごとを進めるのが好き。行動力とリーダーシップを備えているので、経営者や起業志向のある方に多く、理系女子にもこのタイプが目立ちます。

天海祐希さん、黒木メイサさん、板谷由夏さん、柴咲コウさんなど。

4つのタイプに分けて解説しましたが、ぴたっとひとつのタイプだけに当てはまる方は実はごく少数です。ほとんどの方が、「ソフトフェミニン」も混じった「シックナチュラル」、「ポップキュート」も混じった「クールシャープ」など〝混合タイプ〟です。20、21ページのチェックリストで、いちばん多くチェックが入ったタイプを〝メインタイプ〟、次に多くチェックが入ったタイプを〝サブタイプ〟として、2つのタイプの混合で分析すると、自分らしさをより的確に見極められます。

ちなみに、私は「ポップキュート」がメインで「ソフトフェミニン」も混じっているタイプ。最近は、年齢を重ねるにつれて「シックナチュラル」傾向も強くなってきているかな？ と感じています。年齢や環境によってタイプの変化もあり得るので、ときどきセルフチェックしてみるといいですね。

ここまであなたの〝性格タイプ〟が見えてきたらあとは、それに合った〝ファッションタイプ〟を知ればＯＫ！ まずは簡単なイメージの違いをご紹介します。

４つのタイプそれぞれに似合う形、素材、色、テイストが違います。
自分が当てはまる性格タイプのファッションをチェックしてみましょう！
普段あなたが着ている服と比べてみてください。

ポップキュートタイプ

元気で明るい印象の色や柄で、
はつらつとした魅力を表現

シックナチュラルタイプ

リラックス感のあるデザインで
自然でセクシーな魅力をアピール

あなたの“内面”を服で表現してみましょう！

4つのファッションタイプ

ソフトフェミニンタイプ

淡く繊細な雰囲気のデザイン・色・素材で、エレガントな上質感のあるスタイルに

クールシャープタイプ

鋭角な辛口デザインに原色やモノトーンなど、キリリとしたスタイルが得意

外見だけで「私はこういう人です」が伝わる

いかがでしたか？　それぞれのタイプの内面がそのまま表に出たようなファッションタイプですよね。このように「性格見極め↓ファッションに反映」の2ステップを踏むことで、〝内面と外見のミスマッチ〟はすっきりと解消し、〝自分らしさ〟がストレートに表現できる装いが実現します。これは実はとってもとってもスゴイ！ことなのです。**ひとことも話さなくても、外見だけで「私はこういう人です」という説明が完了してしまう。**

この〝内面と外見の一致〟を実現するだけで、人生は大きく変わります。**印象は相手との関係性に深く影響し、そこから発展するチャンスを大きく左右する**からです。もっと言えば、「私はこうなりたい」という目標を服に反映させることで、周囲からの見られ方が変わり、人生のステージが上がっていきます。

本当に服でそんなに変わるの？自分のタイプを見つけて変身！4人の実践レポート

誰だって、自分のいいところを相手に理解してほしいと思っています。1時間話してやっと相手に伝わる魅力があるのなら、その魅力を一瞬で表現してみるほうが、相手との距離は確実に早く縮まります。そんな〝一瞬の魔法〟を可能にするのが装いのチカラです。

内面の魅力を引き出す服を味方につければ、あなたの魅力はもっとストレートに伝わり、初対面の印象が劇的に変わります。そして、それは決して難しいことではなく、誰でも実践可能なノウハウなのです。

「本当にそんなに違いが出るの？」と半信半疑のあなたのために、スタイリング実例として4人の女性に登場してもらいます。

Case 01

会社員・営業職（マネジャー）
谷口奈緒美さん

マネジャーに昇進した時、
華やかな服はすべて処分しました。
クライアントに安心してもらえるよう、
ほぼ毎日〝黒一色〟が基本です。

谷口さんの普段のスタイル＆お悩み

- 20代の頃はパステルカラーやフリルデザインのついた服を好んで着ていた。
- マネジャーに昇進したのを機に「しっかりとした印象に見えるように」と全身黒のスタイルばかりになった。
- 普段の仕事はクライアントとの商談や営業の打ち合わせなど。出張も多い。
- お花見やバーベキューなど屋外でのイベントがある時に、何を着て行ったらいいか分からなくなる。

黒のタートルネックニットに黒ジャケット、黒スカートに黒タイツと見事なまでの全身ブラックスタイルで登場した谷口さん。黒は〝クールシャープ〟タイプの人がカッコよく着こなせる色ですが、性格チェック（20、21ページ）をしていただくと、「思いやりを重視したい」「人の和（輪）が大事」など〝ソフトフェミニン〟タイプにたくさんのチェックが！　お顔や表情も柔らかで繊細な女性らしさが満開。聞けば20代はもっとフェミニンな装いをしていたのだとか。

そんな谷口さんが黒の〝鎧〟を着始めたのはマネジャー職に就いたことがきっかけで、「クライアントに対して、役職者らしいしっかりした印象を与えたいから」という理由だそうです。繊細さや女性らしさを隠すためにシャープな服を着る……という例は、本当に多くの女性に見られます。でも、実際には「内面と外見のギャップが際立って、かえって繊細さが目立つ」という逆効果現象が起きてしまうのです。もともと持っているフェミニンな魅力はそのままに、印象を〝格上げ〟するテクニックをお伝えしました。

繊細さを隠そうと黒を着るとかえって、繊細さが際立ちます！

Change!

柔らかな女性らしい魅力はそのままに“凛とした説得力”を伝える服にチェンジ

Change!

scene 1 取り引き先へ“勝負プレゼン”

ソフトフェミニンタイプの方に多いのが「好きな服を着ると子どもっぽく見られる」「ビジネスにそぐわない」というお悩み。柔らかい魅力を伝える花柄でも寒色系を選べばビジネスシーンにもしっくりなじみます。そして、ジャケットはパキッとした白を。引き締まった印象になり、説得力も増します。Vネックでシャープさを演出しながら、裾は丸みのあるデザインで「たおやかで凛としたビジネスウーマン」を打ち出すスタイルに。スカートはシフォン素材のネイビーを。足元はバイカラーでさりげなくセンスを伝えましょう。

「キレイな服は仕事着に向かない」と思い込んでいたので、こんなに明るい印象のコーディネートに驚きました。周囲から「似合う！」「素敵」と言われ、うれしかったです。今後の買い物の参考にしたいです。

scene
2 趣味の観劇と食事会へ

オフの日に何を着ていいか分からない……という谷口さんに提案したいのが、女性らしい魅力を活かしたワンピーススタイルです。ウエストのクロスデザインで、上半身はタイト、スカート部分は上品なAラインシルエットに。大きめの花柄はピンクやブルーのパステル色ベースに締め色（グレー）もあるのが大人っぽさを演出するポイント。「買って以来、一度も着ていない」というピンクベージュのサテンボレロを羽織っていただきました。トップスは明るい色が基本です。パンプスは白だと〝王道〟過ぎるので、あえてグレーに。

ワンピースを見た瞬間、思わずテンション上がりました！　パステル調の花柄は大好きでも、大人っぽい着こなしにはなりにくいと考えていました。「こうすればいいんだ！」と発見が多かったです。

Case 02

税理士
池田奈智さん

税理士事務所を営むかたわら、
ダンスも教える〝踊る税理士〟。
〝士業〟らしくモノトーンがメインですが
本当はポップな色柄も好き！
「可愛くても〝デキる〟感じの服」って…？

池田さんの普段のスタイル＆お悩み

・税理士として独立して3年。お客様も増えてきたので、より信頼感があって親しみやすい服装を模索中。

・学生時代から続けているダンスはライフワーク。税理士業の空き時間には、ダンス講師の仕事も。競技会のヘアメイクのため髪はブラウンに染めている。

・税理士会などカタい場に参加する機会も多いので、モノトーンのジャケットスタイルがメイン。会う相手によってはカジュアルダウンすることも。ドット柄など可愛いデザインに惹かれる一方、子どもっぽくなりそうで手が出ない。

クリクリとした大きな目が魅力的な池田さん。お話ししてみて30分もすると、茶目っ気たっぷりのユーモアとサービス精神豊かな〝ポップキュート〟タイプの方なのだと分かりました。でも、仕事着として普段着ている服を見せていただくと、そのほとんどが白か黒のモノトーン。見事なまでに〝中身と外見の不一致〟が起きていました。池田さんの明るく快活な魅力を表現する装いのほうが、「思った通りの明るい人だ」と相手に安心感を与え、信頼につながります。

実は、着てきたブラウス（右写真）にある控えめなドット柄からも「本当は可愛い服が着たい」という本心が見え隠れ。では、どうして好みの服が着られないのでしょう？　きっと〝士業〟というお仕事柄、信頼感のある服を選んだ結果、モノトーンが多くなってしまったのだと思います。加えて、「可愛い服を着て、仕事ができない印象になってしまうのが嫌なんです」と不安を打ち明けてくれました。安心してください。「可愛い」をキープしたまま、信頼感のある印象にするテクニックを私がお教えします！

“内面と外見のギャップ”で親しみやすさが半減！

Change!

信頼感を打ち出しながら、明るく快活な魅力を表現しましょう

Change!

scene 1

顧客との打ち合わせ

明るく快活な池田さんに似合うのは、春のお花畑のようなブライト感のある色彩。イエローのリボンがたくさんついたスカートをチョイスしました。ベースが紺色でハリのある上質な素材なので子どもっぽくなりません。トップスはシフォン素材の白ブラウスに、オフホワイトジャケットを。ジャケットは〝きちんと感〟を出すアイテムですが、表地にポケットが4つも付いた遊びのあるデザインが、ユニークな印象に。首元には大きめパールのネックレスを。肌色になじむヌーディーベージュのパンプスで脚長効果もねらいました。

スカートは見た瞬間から心に響いて、ついその場で買ってしまいました。可愛いのに仕事でも着られるのがうれしいです。オレンジ系のチークが健康的に見えると評判でした！

scene 2

友達とドライブへGO！

柄モノが得意なポップキュートタイプの池田さんにぜひすすめたいのが、顔色が明るく見えるグリーンベースのミックスツイード。プルオーバーはジャケットなしでも1枚で決まり、「ジャケットだとカタ過ぎる」という相手と会う仕事着にも使えます。ストールで上半身に縦ラインを作り、スッキリと見せました。キャミソールの裾をアクセントとしてあえて見せ、ボトムスはネイビーのクロップドパンツ。足首を出すことで〝抜け感〟＝親しみやすさが生まれます。

パンツスタイルは多くても、「足首を出す」という発想がなかったので新鮮でした。着替えた途端、周囲から「似合う」「笑顔がさらによくなった！」と感想をもらえました。

Case 03

「こども手帳術」講師
星野けいこさん

背が高いのがコンプレックス。
目立ちたくないから
地味色ばかり着ていた主婦時代の私。
講師として〝社会人再デビュー〟を機に
服をチェンジしたら大成功!
「会うたびに輝いているね!」と言われます。

星野さんのかつてのスタイル&お悩み

- 2児の子育てに追われ、服はチュニック&パンツの組み合わせばかり。168cmの長身が目立たないよう、自然と黒やグレーを選んでいた。
- 肩のハリを巻きもので隠していた。O脚も悩みだったため、スカートはほとんどはかない。
- 手帳術の講師としてデビューするにあたって、「外向きの服がない!」と途方に暮れていた。

星野さんが初めて私にご依頼をくださったのは4年ほど前。子育てが一段落したので、勉強を続けられてきた「あな吉《きち》手帳術」の講師として活動を始めるというタイミングでした。クローゼットを拝見すると、カジュアルなグレーと黒の服だらけ。黒のトップスが10着も出てきたことを覚えています(笑)。「目立ちたい」より「なじみたい」という気持ちが伝わってきました。

性格タイプをチェックすると、やっぱり〝シックナチュラル〟がメインで〝ソフトフェミニン〟も少し入った混合タイプ。この2つのタイプはなじみたいという傾向が強いのが特長です。

しかし、星野さんが始めようとされていた講師という職業は、「半歩先行く憧れの存在」の演出が大切です。さらに講座のイメージを聞くと、テーブルを囲みながらのアットホームな雰囲気も大事にしたいというご希望もありました。体型のお悩みもカバーしながら、ほどよいキラキラ感を印象付ける装いをご提案した結果、お仕事も非常に好調で、今では講演のために全国を飛び回っているそうです。

「周囲になじむための服」は卒業し、「憧れられる存在になるための服」を投入

Change!

ほどよい親しみやすさも表したフォーマル感のある装いにチェンジ!

Change!

scene 1

主婦向けの講座の日に

シックナチュラルタイプはベージュのワントーンスタイルを素敵に着こなせます。

明るい印象になる白・イエロー・ベージュの柄ブラウスに、顔周りに輝きをプラスするラメ入りボレロカーディガンを羽織って。襟の折り返しによって、肩が華奢に見えます。ボトムスはプレスが効いたキレイめパンツで上質感を演出。膝下が脚にぴったり沿わないデザインなので、スラリと美しいラインに見せてくれます。

似合うと思っていなかった明るいベージュがこんなにしっくりハマるなんて！　同系色を重ねるコーディネートも新鮮でした。気になる肩や脚もスッキリ見えて大満足です。

scene 2

目上の方との対談講演に

大学教授との対談形式の講演予定に合わせてチョイスしたコーディネート。女性が〝ハレの日〟に身につけるべき装いはやはりスカート。スカートを味方につけることで、仕事のステージもアップします。主役は華やかな色柄スカート。

講演などで登壇する時は、後方の席からも鮮やかに見えるハッキリとした色柄を選ぶのがポイントです。トップスは、スカートの柄の一部と同じミントグリーンのブラウスを選ぶことで統一感を出しました。シックナチュラルタイプによく似合うドレープ感のあるベージュジャケットを羽織って完成。

今やスカートは欠かせないアイテムに！　生徒さんやお取引先から、「会うたびにキラキラしていきますね」「私もそうなりたい」と言っていただけることが多くなり、感謝しています。

Case 04

フォトグラファー／講師
渕上真由さん

結局どんな服が似合うのかわからない！
アーティストらしい個性も出しつつ、
講師としての品格も出す
「ステージを上げるための服」を見つけたい。

渕上さんのかつてのスタイル＆お悩み

・コーチングの手法を取り入れた写真講座を展開する一般社団法人(R)フォトコミュニケーション協会の代表理事として活動。楽しい雰囲気を重視しつつも、"講師らしさ"が伝わりにくいのが悩みだった。

・可愛い柄も好き、モノトーンも好き、フェミニンなワンピースも好き……。自分に似合う服がわからなくなった。

写真の力でコミュニケーション力を高めるというユニークな講座で人気を集める渕上さん。ご相談いただいた当初は、「いろんな服を着てきたけれど、本当に似合う服が分からなくて迷っている」とおっしゃっていました。よく着ていたという右写真のワンピースはたしかにお似合いですが、やや個性に欠ける印象も。フォトグラファーという表現者ならではの、〝人とはちょっと違う〟というクリエイティブな印象を与える装いを提案したいと思いました。

さらに「なりたい自分」のヒアリングを重ねると、「講師らしい品格を備えたい」というニーズも見えてきました。カリッ！パリッ！と引き締まった印象を演出する「ステージを上げる服」がテーマに。渕上さんは実は複合タイプで、ポップキュート、シックナチュラル、クールシャープの多面的な要素を持ってます。今回は組織の代表という立場を周囲に印象付けるためにも、決断力・説得力のあるクールシャープの本質を強調するモノトーンスタイルを提案しました。

何でも似合ってしまうからこそ装いの方向性を明確にすることが大事

Change!

組織の代表として「ステージを上げる服」を同時にクリエイターならではの個性もプラス

Change!

scene 1

写真講座の講師として

講師として登壇する日のスタイルとして提案したのが、強いリーダーシップや説得力を演出するモノトーンスタイル。ただし、ありきたりではなく〝格上の個性〟を引き出すため、ごく薄いグレーがかった色と凝ったデザインのジャケットを選んでいます。中に着たブラウスも個性的な柄のアーティスティックなものを。ボトムスは黒のストレッチ素材のタイトスカートで引き締まった印象に。パンプスの黒×白のバイカラーも効いています。

ところどころに個性が光る上質なモノトーンスタイルで、「ついていきたい」と思わせる雰囲気に。

悩んでいた服選びが、一瞬にして決まりました。ヒラヒラ系の可愛い服も好きだけれど、出番はオフだけに。服を変えるだけで講師としての自信がついたように思います。

scene 2

クライアントの撮影仕事で

撮影の日は動きやすさ重視。だからといって、あまりにラフでベーシック過ぎると、クリエイターならではの豊かな表現力が伝わりません。「自信」が本質にあるクールシャープタイプに似合う、赤のロングカーディガンを着てもらいました。裾のドレープが揺れるデザインなので、動くたびに存在感も生まれます。中はTシャツではなく、モノトーンのブラウスにすることで〝きちんと感〟が。V字のチルデンニットふうで活動的な印象にもなっています。ボトムスは動きを妨げないストレッチ素材のスキニーパンツでストレスフリーに。

普段の撮影ではかなりラフな格好をしていますが、こういう着こなしをすればいいんですね。活動的ながらアーティストとしてのセンスを感じさせるスタイルに納得しました。

キャラクターにピッタリ合った服装が、揺るぎない自信をつくる

いかがでしたか？　ありのままの性格や「こうありたい」というイメージに合ったファッションタイプを選択することで、何倍にも魅力的な印象になることが分かっていただけたと思います。

30代以降の女性から頻繁に聞かれるのは「20代の頃は服に関して迷いがなかった。でも年齢を重ねるにつれて、何を着たらいいか分からなくなってきた」という声です。

そう、女性たちを戸惑わせているのは〝変化〟です。

例えば、**年齢による体型の変化**。ボディラインやお顔にエイジングサインが現れるようになると、20代の頃の服装ではどうしても違和感を放ってしまいます。

あるいは、立場の変化。仕事や社会活動で責任が増したり、肩書きがついたり。人生のステージが上がった時には、装いもランクアップをしなければ、周囲の人とのコミュニケーションがうまくいきません。

同時に、迷いのもとになっているのが**「こうあるべき」という思い込み**です。

「肩書きがついたから、それらしく見えるようにしなければ」とシャープなブラックスーツに突然切り替えたり。「女性らしさを演出するには柔らかいピンク色しかない」と選択肢を狭めたり……。

でも、ソフトな印象をキープしながら説得力のある服装をすることも、ピンク以外で女性らしさを演出することも可能なのです。無理をして突然〝らしくない格好〟をすると、それは迷いやブレとして周囲にも伝わってしまいます。これまで登場いただいた皆さんの変化からも、感じていただけるのではないでしょうか。

大事なのは、〝私らしさ〟を守ること。そうやって守られた私らしさは、〝揺るぎない自信〟の核になっていきます。

私はパーソナルスタイリストとして、「装いのチカラ」というキーワードでずっと活動してきました。それは、装いが持つメッセージのチカラを借りて、揺るぎない自分をつくるということ。そういう人には自然と信頼と愛情が集まって、ポジティブなサイクルがどんどん回り始めていく——。私がこの仕事に寝る間を惜しんで情熱を注ぎ続けられる理由は、「人生を切り拓く人の笑顔を見ていたい」という思い、そして実際に夢をかなえていく人たちからいただく感動があるからなのです。

「あの人にまた会いたい」と思わせるTPOとフォーカジランク

ここまで、自分の内面をぴったり表す服を選ぶという考え方をお伝えしてきました。

きっと、この本を読みながら、「今すぐクローゼットの中身を入れ替えたい！」とうずうずしている方もいらっしゃるのではないでしょうか？

でも、まだ待ってください！　自分のことがわかったら、次は相手です。今日会う相手に対して礼儀を尽くし、それを服装で伝えるためのノウハウを知って、さらにステップアップしましょう。

仕事の打ち合わせや食事会など、今日会う予定の相手とそのシーンに合った装いを意識することで、あなたの思いはもっともっと伝わります。

つまり、**自分が心地いいだけでなく、相手にとっても心地いいと思ってもらえる服**

装をすることが大事なのです。職場でなかなか信頼してもらえない、仲良くしたい相手と打ち解けられない原因は、この視点がないからかもしれません。

「誰と会うか」で服を選ぶTPPO

装いのマナーとして「TPO」という言葉は聞いたことがあると思います。いつ(Time)、どこで(Place)、何をするか(Occasion)という3つのポイントで、条件付けをしてそれに合わせた装いをしましょうという考え方ですね。

私はさらに「誰と(Person)」というポイントを追加して、「TPPO」でお客様の日常シーンをヒアリングします。この考え方は近頃ずいぶん浸透して、ファッション誌でも特集が組まれるほどになりましたが、やはりこの「誰と」という相手を意識することがとっても大事です。

例えば、「今日のお昼、イタリアンレストランで、上司の鈴木さんと、ランチミーティングをする」という時に、「イタリアンレストラン」の風景に合う服を選ぶのと、「鈴木さん」を意識して服を選ぶのでは、手に取る1着が違ってくるはずです。

「鈴木さんはバブル世代の女性の先輩で、華やかな服が好きな方。今日は鈴木さんの好みに合わせて、ブラウスをちょっときれいめな色にしてみよう」と選んだ服を着ていけば、その思いは必ず相手に伝わります。何も言わなくても、その人のために服を選んだことは必ず伝わるのです。私はこれを〝想いのプレゼント〟と呼んでいます。百貨店に立ち寄ってちょっとした手土産を用意しなくても、面白い話題を一生懸命準備しなくても、**「私はあなたのことを大切に考えています」という最高のメッセージが贈れる**のです。これって本当にすごいことだと思いませんか？

反対に、まったく相手のことを考えずに服を選ぶと、それも相手に伝わってしまいます。結果、「何となく大切にされている気がしない」という印象につながり、次にお会いできるご縁さえ途切れてしまうかもしれないのです。

ということで、大事にしたい「ＴＰＰＯ」。あなたが大切にしたい人、大切にしたい場にいる人は誰ですか？　左の表は、私が実際にカウンセリングで使っている表と同じもの。まずは、明日の予定を思い浮かべながら、左の表を埋めてみましょう！

１日の中で予定が複数ある場合は、その分書き出してみましょう。

明日のTPPOを記入してみましょう

記入例 ①	
いつ (Time)	明日のお昼
どこで (Place)	会社の近くのイタリアンレストランで
誰と (Person)	上司の鈴木さんと
何をする？ (Occasion)	ランチミーティング

記入例 ②	
いつ (Time)	明日の退社後
どこで (Place)	駅前の創作料理店で
誰と (Person)	学生時代の女友達の恵理と凛奈と
何をする？ (Occasion)	食事会

あなたのTPPO	
いつ (Time)	
どこで (Place)	
誰と (Person)	
何をする？ (Occasion)	

ＴＰＰＯを書き出したら、「誰と」を意識しながら服を選んでみましょう。例えば、前ページの記入例①だと、上司の鈴木さんの好みに合わせて「キレイめな色」。さらに記入例②の女子会に合わせて「イキイキと元気そうなパンツスタイル」とアイテムが決まっていきます。この日のスタイルは、きれいめブラウスとパンツスタイルでまとまりそうです。

このように「今日は誰と会う？」を意識して服を選ぶ習慣が身につくと、**「あの人とはいつ会っても気持ちがいい」という印象につながっていきます。**相手に対するリスペクトがストレートに伝わるからですね。

よくあるＴＰＰＯパターンを３つ書き出してみる

１日のＴＰＰＯを書き出す方法は分かりましたか？

では、次に、あなたの２週間先くらいまでの予定から、あなたの日常によくあるＴＰＰＯのパターンを３つ書き出してみてください。月に１回以上あるＴＰＰＯを想定してみましょう。たくさん書ける方はお手元の紙に最大５つまで書いてみてください。

TPPOパターン ①	
いつ (Time)	
どこで (Place)	
誰と (Person)	
何をする？ (Occasion)	

フォーカジランク

TPPOパターン ②	
いつ (Time)	
どこで (Place)	
誰と (Person)	
何をする？ (Occasion)	

フォーカジランク

TPPOパターン ③	
いつ (Time)	
どこで (Place)	
誰と (Person)	
何をする？ (Occasion)	

フォーカジランク

だいたいの方が、仕事関係のシーンで2つ（商談、社内打ち合わせなど）、友達や恋人と会うオフのシーンで1つ、趣味で1つ、セミナーや習い事など自分磨き系で1つ程度で、5つで収まるようです。もちろん、5つに満たなくても結構です。書き出してみると、あらためて「どんな人に会っているか」という視点で自分の日常を見直せると思います。最大5つのTPPOパターンから、あなたが「特に大切にしたい相手」は誰かも考えてみましょう。

相手に〝心構え〟を伝えるフォーカジランク

TPPOパターンを書き出した後にすぐにやっていただきたいのが「フォーカジランク」チェックです。55ページの表の右側に「フォーカジランク」と書かれた空欄がありますね。こちらを埋めていきます。

フォーカジランクとは「フォーマル&カジュアルランク」の略。TPPOと並んで、私が必ずお客様にお伝えしているクローゼット構築に欠かせない考え方です。

5段階のフォーカジランク表
（フォーマル ＆ カジュアル）

ランク	シーン	ふさわしい服	
5 フォーマル	結婚式や パーティー、 冠婚葬祭	ドレス・喪服	ジャケットを着る
4 セミフォーマル	セレモニー、 レセプション、 展示会、入学式、 卒業式など	スーツ、スカート、 上質感のあるジャケット やワンピース	
3 ビジネス	取引先訪問、商談、 重要な会議や プレゼンなど	ジャケット、ワンピース、 スカート、きちんとパンツ、 ブラウス	
2 オフィス カジュアル	内勤でのデスク作業、 社内打ち合わせなど	カーディガン、 ジャージーワンピース、 スカート、きちんとパンツ、 ブラウス	ジャケットを着ない
1 カジュアル	プライベート、 バーベキュー、 スポーツ観戦、 運動会など	Tシャツ、ポロシャツ、 カジュアルパンツ	

◆フォーカジランク5　【フォーマル】

最もフォーマル度が高いシーン。結婚式やお祝いのパーティー、冠婚葬祭など。

アイテム…ドレス・喪服

◆フォーカジランク4　【セミフォーマル】

記念式典などのセレモニー、入学式・卒業式など。ビジネスシーンでは、新製品発表会などのレセプションや展示会など。

アイテム…スーツ、上質感のあるジャケット&スカート、きちんとした印象のワンピース、ジャケットとワンピースのアンサンブル

◆フォーカジランク3　【ビジネス】

特に外勤中心の方でお客様に会うシーンを想定。取引先への訪問、商談、重要な会議やプレゼンなど。

アイテム…ジャケット、スカート、きちんとしたパンツ、ワンピース、ブラウス

◆フォーカジランク2　【オフィスカジュアル】

内勤でのデスク作業や打ち合わせなど、ジャケットを着なくていい仕事のシーン。

アイテム…カーディガン、スカート、きちんとしたパンツ、ジャージー素材のワンピース、ブラウス

◆フォーカジランク1　【カジュアル】

カジュアルな雰囲気のオフシーン。公園に遊びに行く、バーベキューやピクニックなどアウトドア、スポーツ観戦、運動会。

アイテム…デニムなどカジュアルなパンツ、Tシャツ、ポロシャツ、パーカーなど

ビジネスシーンを2と3で分けていますが、その違いは「ジャケットを着るか着ないか」。意外と皆さんが知らないのが「女性の礼装はスカート」というルール。パンツのフォーカジランクはスカートよりも低く、パンツスーツは3・5（3と4の間）になります。スーツを喪服代わりに使えるのはお通夜まで。葬儀はワンピースとジャケットの〝アンサンブル〟を着用するのが正式なマナーです。

1〜5までカバーする服を揃えることが大事

5つのフォーカジランクの違いがわかったところで、55ページのTPPOパターンの表に戻って、それぞれのシーンのフォーカジランクを書き入れていってみてください。よくある日常シーンでどのフォーカジランクが多いか、見えてきましたね！

ぜひ実践していただきたいのが、**1〜5までのアイテムをバランスよく揃えること。**それぞれのシーンに合った服を着ていくことは「私はこの時間を大切に考えています」という〝心構え〟をストレートに伝えるからです。この心構えは礼儀として相手の印象にしっかり残り、ご縁をつなげていきます。

5はレンタルで済ませることも可能（喪服は常備）ですが、1〜4まではカバーしておきたいところ。「たくさんの服を集めるのは大変そう！」と青くなった方、ご安心を！　この後に紹介する厳選11アイテムをまず揃えればOK。ほとんどがベーシックなアイテムなので、数着の追加だけで済んでしまう人も多いはずですよ。

表を埋めながら、「フォーカジランク4のシーンに3の服を着ていっていた……！」という、〝ズレ〟を発見できた方もいると思います。**フォーカジランクの〝ズレ〟を正すことが、社会性豊かな大人の装いのためにとってもとっても大切なのです！**

例えば、3のシーンに1の服を着ていくと「この場を軽くとらえているんだな」と思われ、1のシーンに3の服を着ていくと壁をつくってしまいます。ランクを2つ以上飛び越えたズレは違和感の原因になってしまうのですね。もしも迷ったら1つ上のランクを。1つ上くらいのランクアップは〝心構え〟としてプラスの印象になることはあっても、マイナスの印象にはなりません。

もうひとつ、私がいつもカウンセリングでお聞きしているのは、その人の夢や目標です。それがかなったときの自分を思い描いてください。昇進でも、結婚でも、趣味の発表会でもなんでもいいのです。そのときのTPPOは、フォーカジランクはどうでしょうか？　もし「今のフォーカジランクは2だけど、夢がかなったら3かな」と思うなら、少しずつ3の服をそろえていきましょう。**「ありたい自分」にふさわしい装いをすることで、〝いつの間にか〟夢がかなう。**そんな方をたくさん見てきました。

Column 1

似合う〝色〟の見つけ方

「私、ピンクは絶対に似合わないんです」

パーソナルスタイリングのご相談を受けていると、こんなふうにキッパリとおっしゃる方がよくいらっしゃいます。私はすかさず、返します。

「いいえ！　あなたに似合うピンクはきっとあります！」と。

そう。ピンクとひと口に言ってもその色合いは、マカロンのようなパウダーピンク、サンゴのようなコーラルピンク、オレンジ系のサーモンピンク、目の覚めるようなショッキングピンクとさまざまです。

このような色味の違いを分析・整理し、顔色や髪色からその人に似合う色を導き出し、4つのグループに分けたのが「パーソナルカラー」という考え方。50年以上前にアメリカで理論化され、資格としても定着した分析法です。診断を受けたことがある、という方もいらっしゃるのではないでしょうか。

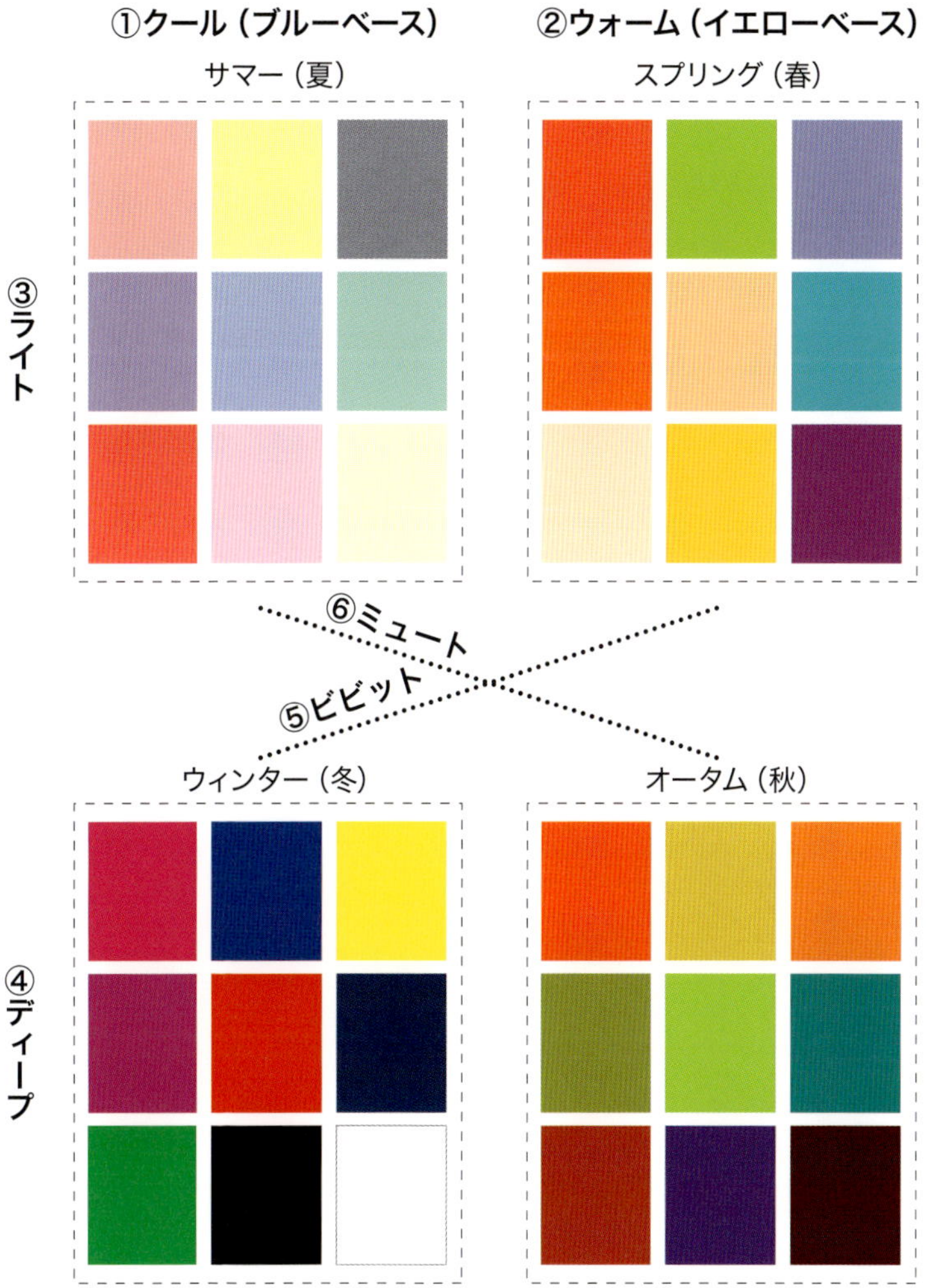
①クール（ブルーベース）
②ウォーム（イエローベース）
サマー（夏）
スプリング（春）
③ライト
⑥ミュート
⑤ビビット
ウィンター（冬）
オータム（秋）
④ディープ

4つのグループの違いについては、63ページの表をご参照。左上から時計回りに簡単に説明しましょう。

紫陽花のような薄ピンク、水色、ラベンダーが代表的な「サマー」。春の花畑のような黄緑や黄色、オレンジが代表色の「スプリング」。「オータム」は秋の実りを表すような色で、イチョウ葉のような深い黄色、柿のようなオレンジ、カーキグリーンが代表的です。そして、真っ青、真っ赤、黒、白と都会のネオンのような色味の「ウインター」。

ご覧のとおり、それぞれにピンクやグリーンはありますが、グループが違うとまったく印象が違いますよね？　「スプリングのピンクは似合わないけれど、サマーのピンクなら似合うかも」と発見がありませんか？　色は4つのグループに分かれるということを知っておくと、似合う色選びの参考になります。

た・だ・し、「4つのうちひとつのグループしか似合わない」と自分を縛りつけてしまうのは逆効果!!　私はいつも、**「少なくとも2つ、似合う色のグループを見つけてください」**とお伝えしています。ひとつのグループだけだと、コーディネートがとても限定的になって自分の魅力を伝えられる可能性が狭まるだけでなく、服を楽しむワクワク感が激減。「似合う色のグループはひとつじゃない」とぜひ覚えてください！　専門家に診断してもらう場合は、「2番目に似合うグループはどれですか？」または「いちばん避けるべきグループはどれですか？」と質問してみるといいですね。

さて、4つのグループのうち2グループをチョイスすると、6つの組み合わせが生まれます。これらの6タイプから〝似合う色タイプ〟を見つけると、服選びの幅がぐんと広がり、より立体的に魅力を引き出せます！

①サマー＋ウインター　↓寒色が得意なクールタイプ（ブルーベース）
②スプリング＋オータム　↓暖色が得意なウォームタイプ（イエローベース）
③サマー＋スプリング　↓明るい色が得意なライトタイプ
④ウインター＋オータム　↓深い色が得意なディープタイプ
⑤スプリング＋ウインター　↓鮮やかな色が得意なビビッドタイプ
⑥サマー＋オータム　↓曖昧な色が得意なミュートタイプ

先ほど、「似合う色のグループをひとつに決めつけないで！」と強調しましたが、もうひとつ、皆さんが陥りがちな間違いをお伝えしておきます。

それは、これらの〝似合う色〟を全身コーディネートに当てはめてしまうこと。

似合う色というのは、顔の肌色や目や髪の色などあくまで〝顔周り〟との相性で決まります。つまり、**上半身だけ反映すればOK！**なのです。もっと限定して、「顔下20㎝四方」と言ってしまってもいいです。

つまり、顔周りさえ似合う色を押さえておけば、ボトムスは何を着ても大丈夫。ほら、もっと自由になれますよね？


最後に、似合う色のグループを自分で見つけるためのコツを。

いちばんおすすめなのは、プチプライスのお店で色味の異なるピンクのストールを複数枚買ってみて、「どれを巻いた日に、周囲の反応がいいか？」をチェックしてみること。「顔色がいいね」「元気そう」と褒められる日に巻いているストールから、あなたの似合う色のグループが分かります。チークの色で試してもいいですね。

左のチークカラーサンプルを、一つひとつ順番に頬の近くに当てて、鏡でチェックしてみるのもいいですよ。

似合う色を味方につけて、もっとコーディネートを楽しみましょう。

Column 2

似合う〝形〟の見つけ方

体型のお悩みは人それぞれ。私のお客様からは毎日のように「脚が太い」「ぽっこりお腹を隠したい……」「私、ウエストがないんです！」といったSOSが寄せられます。誰もが皆、自信のない〝隠したいパーツ〟を持っているのです。

ここで強調したいのが、**隠したいパーツのすぐそばに、あなたの〝出すべきチャームポイント〟があります！**ということ。

私の分析では、体型のお悩みは大きく分けて2つ。「お腹周りが太めで、ウエストのくびれがないタイプ」と「お尻から脚にかけて下半身が太いタイプ」。

前者は肋骨と骨盤の間が狭い骨格の方が多く、その場合はいくらダイエットをがんばってもくびれません（私もこのタイプです！）。ですので、ウエストをチャームポイントとして見せる装いは残念ながら向きません。でも大丈夫！　骨盤がやや上についているタイプは、つまり脚を長く見せる装いが得意ということ。ウエストのすぐ下にある脚にチャームポイントがあるんですね。スキニーパンツやストレートスカートで膝下のシルエットを強調すれば、スッキリと着痩せ効果アップ！　腕の肘下ラインも見せればさらに効果的。**くびれなしタイプは〝四肢活かし〟**が正解です。

もうひとつの「下半身大きめタイプ」さんは、この逆で、下半身に対して上半身がほっそりしている方が多いのです。つまり、**下半身大きめさんは、〝ウエストのくびれ活かし〟タイプ！**　上半身がぴたっとフィットするトップスにAラインのスカートを合わせて、ベルトでウエストの細さを強調すれば最強です！

体型悩み①　お腹周りがぽっちゃりのウエストくびれなしタイプ
↓四肢を活かせば、スラリと着痩せ効果！

体型悩み②　お尻が大きく脚もしっかりの下半身太めタイプ
↓ウエストを活かせば、メリハリ美人に！

私がお伝えしたいのは、「コンプレックスと思っている部分のすぐ近くに、活かすべきチャームポイントがありますよ！」ということ。鏡を見る視線の先をちょっと変えるだけで、長所を活かす着こなしが上手になるはず。ぜひお試しを！

ちなみに、日本人女性は「ウエスト活かしタイプ」のほうが割合は多め。上半身は華奢だけど、下半身はぽっちゃりの〝洋ナシ型〟体型が多いためですね。

さらにいえば、このどちらも当てはまってしまう「手足がすらりと長くて、ウエストもくびれている」というパーフェクト体型の方は、いわゆるモデルさんです。このタイプは何をどう着ようが失敗なし。ここ数年流行っている「ミモレスカート」や「ガウチョパンツ」は実は普通に着るともっさり見える超難易度が高いアイテムなのですが、パーフェクトタイプだけはカッコよく着こなせちゃいます。

どちらにも当てはまらない、お腹も手足も太い「全体ぽっちゃりさん」ももちろんいらっしゃいます。このタイプは体の中で最も細いパーツ、手首・足首を強調し、デコルテを出すだけでまったく印象が変わります。**「全身太いから全身隠す」ではなく、いちばん細いところを出すだけで、スッキリして見えるのです。**

コンプレックスからチャームポイントを見つける！

体型マトリックス

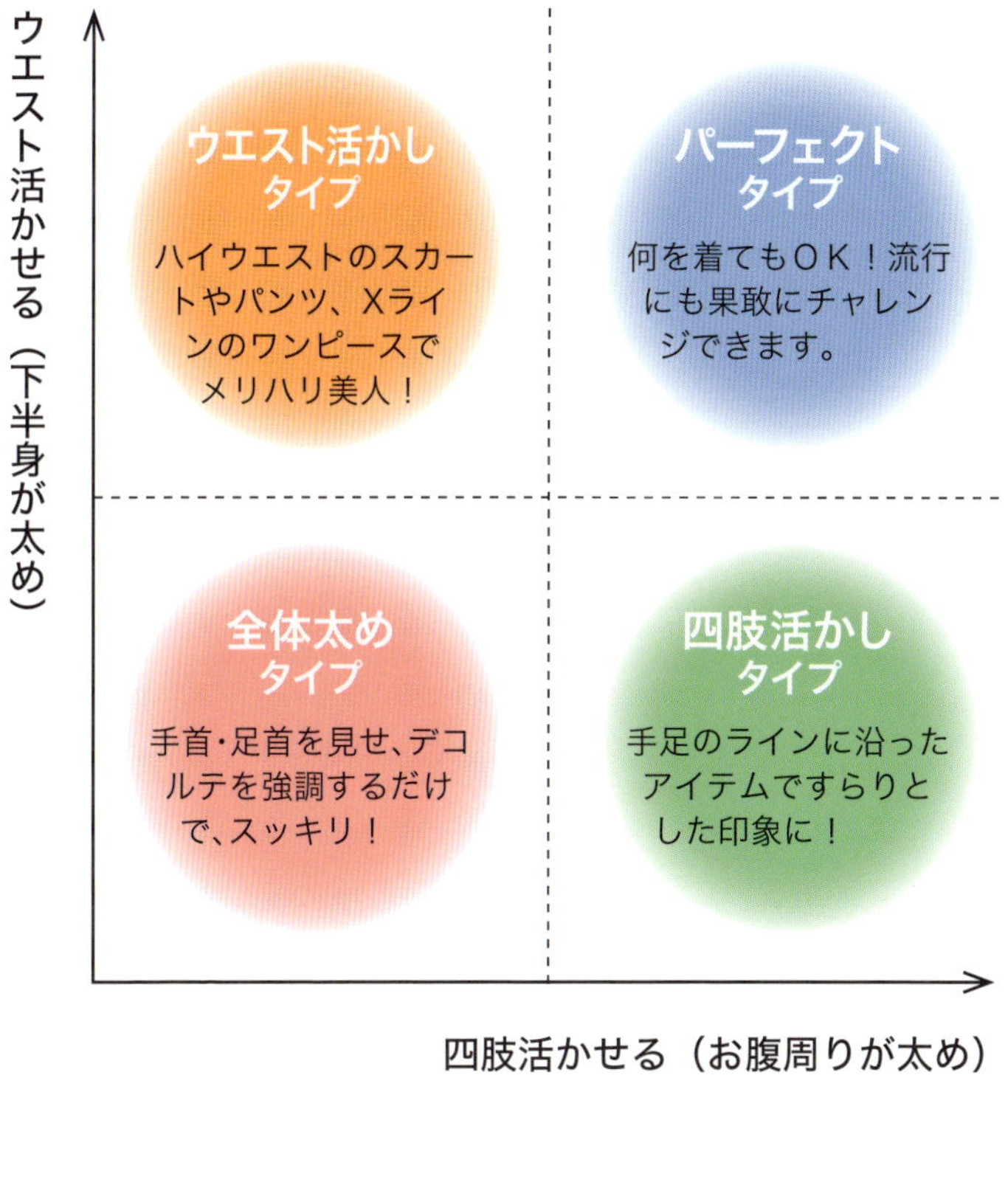
ウエスト活かせる（下半身が太め）
ウエスト活かしタイプ
ハイウエストのスカートやパンツ、Xラインのワンピースでメリハリ美人！
パーフェクトタイプ
何を着てもＯＫ！流行にも果敢にチャレンジできます。
全体太めタイプ
手首・足首を見せ、デコルテを強調するだけで、スッキリ！
四肢活かしタイプ
手足のラインに沿ったアイテムですらりとした印象に！
四肢活かせる（お腹周りが太め）

2章

タイプ別
「これさえあれば」の
11着と着回し
コーディネートレッスン

「着る服がない」「何を着ればいいのかわからない」

よく聞く悩みです。でも、本当に服を持っていないわけではありません。むしろ、たくさん持ちすぎてわからなくなっているのです。本章では、厳選した11アイテムとその着回しコーディネートを、だれでもわかるようにご紹介します！

「着る服がない……」毎朝のお悩みが即解決！「まずこれさえあれば」の11アイテム

これまでのパーソナルスタイリング経験から、私がおすすめする必須アイテムの数は「11」です。まずこの11着さえあれば、毎朝の「着る服がない！」は即解決します。

コーディネートが簡単に決まるコツは、**ワードローブのバランス**です。ところが、皆さんのクローゼットを拝見すると、同じような色や形のものが何枚も重複していたり、カジュアルなものばかりだったり……というのはとってもよくあることなんです。

さっそく、ご自身のクローゼットをチェックして、不足しているものがあれば、だまされたと思って一度そろえてみてください。この11着でバランスのよいワードローブができれば、「お気に入りなのになかなか着る機会がなかった」という服が大復活する人もたくさんいると思います！

□白ブラウス
□色ブラウス
□柄ブラウス（または色ニット）
□シンプルスカート
□色柄スカート
□きちんとパンツ
□カジュアルパンツ
□ワンピース
□カーディガン
□ジャケット
□キラキャミ（キラキラキャミソール）

それぞれのアイテムについて、次のページから詳しく説明します。94ページ〜に挙げた4つのファッションタイプ別アイテム例もぜひ参考にして！

88〜92ページに紹介するコーディネート例を参考に、お手持ちの服を実際に並べて組み合わせ例を作ってみましょう。①写真をプリントしてクローゼットに貼る、②スマホで撮っておいて、移動中など隙間時間に翌日の着こなしを考える。この2つを併用すれば朝コーディネートに悩む時間がゼロに！

Must Item

1 白ブラウス

11のアイテムの中でもいちばんにそろえたいのが「白ブラウス」。白は、大人の肌色を明るく輝かせる〝レフ板効果〟があり、上質感も演出してくれる最強色！　ボタンで留めるシャツは、襟元が詰まった印象になったり、ボタンの開け具合に迷ったり、襟が重なってジャケットと合わせづらかったり…と実は着こなしが難しいアイテムなんです。ブラウスなら、何にでも合わせやすく単品でも決まるので万能です。〝運命の白シャツ探し〟はもうやめて、白ブラウスを1枚揃えましょう！

襟元のデザインは丸か緩やかなVネック、袖は7分袖くらいが年中使いやすく、おすすめです。アンタイトル、クード シャンス、ZARAなどで5000〜1万円前後。

Must Item

2 色ブラウス

顔色が映えるキレイな色のブラウスです。黒、白、ベージュといったベーシックカラーのジャケットやカーディガンに合わせやすく、1枚でも華やかな印象に。上の写真のような、薄いピンク、ミントグリーン、薄いイエローはまず試していただきたい3色。試着してみて顔色がよく見える色を選びましょう。キレイ色のトップスは春夏しか店頭に出てこないので、3〜7月頃に忘れずゲットして。

ブラウス全般に言えることですが、素材はポリエステルが大正解！　シルクのような質感があり、洗濯機でジャブジャブ洗えてアイロン要らず。「なんちゃってシルクブラウス」と名づけて強力プッシュしています。

ニットがＯＫの職場の人は「キレイ色ニット」でも◯

Must Item

3 柄ブラウス

白ブラウス・色ブラウスの次にそろえたいのが、トレンドを取り入れやすい柄ブラウス。ベーシックカラーの羽織りものとボトムスの組み合わせが〝額縁〟としたら、額縁の中の〝絵〟として決まるのが旬の柄デザインのブラウスです。数カ月おきに新しい柄を買い足せば、トレンド感を更新できて周囲にも新鮮な印象を与えてくれます。

柄モノが特に豊富なのはZARA、ロートレアモンなど。ソフトフェミニンタイプは繊細な花柄、ポップキュートタイプはドットやチェック、シックナチュラルタイプはボタニカルふうやエスニック、クールシャープタイプはストライプがよく似合いますよ。

Must Item

4 シンプルスカート

ジャケットと合わせてフォーマル感を出すために持っていたいのが、シンプルな上質感のあるスカート。膝の半分が隠れるくらいの丈で、スリム効果の高い濃いめの色をチョイスしましょう。特におすすめはさまざまな色や柄にもなじみやすく上品な印象のあるネイビーやチャコールグレー。ブラックもあると使いやすくて◎。

デザインは広がり過ぎない素材を選ぶことが大人の〝きちんと感〟を醸し出すための条件です！

「スカートは久しぶり」という方は、タイトスカートを同系色のタイツと合わせるスタイルから始めると、パンツ感覚でトライできますよ。

Must Item 5

色柄スカート

オフィスにも着ていけるボトムスのバリエーションとして持っておきたいのが、華やかな色または柄のあるデザインのスカート。白ブラウスや色ブラウスなどシンプルなトップスと合わせて着こなします。

「華やかな色」で迷ったら、ロイヤルブルーがイチオシ！　真っ赤や濃いピンクなど暖色系のビビッドカラーはオフィスにはなじみにくいのですが、寒色系のロイヤルブルーはカタめのオフィスで唯一使えるビビッドカラーなのです。柄の選び方は、「柄ブラウス」でお伝えしたようなタイプ別のイメージを参考に。色柄はカジュアルな印象になりがちなので、ハリ感のある素材や上質感のあるシルエットを重視することがポイントです。

Must Item

6 きちんとパンツ

スラックス型・トラウザー型といわれるセンタープレスがある〝きちんと感〟のあるパンツを1枚。誰でも似合うのは8分丈のクロップドパンツ。腿やおしりの張りが気になる人はタックパンツやドレープのあるパンツもおすすめです。

色はネイビーやブラックで下半身を引き締めて。ベージュもよく売られていますが、よほどスタイルがよくないとモヤッとした印象になってしまうので要注意。オフィスにふさわしいパンツカラーとして、春夏はネイビー、秋冬はチャコールグレーをおすすめしています。また、パンツはシルエットが命！ 日本人の体型に合うのは、やはり海外よりも日本のブランドがおすすめです。

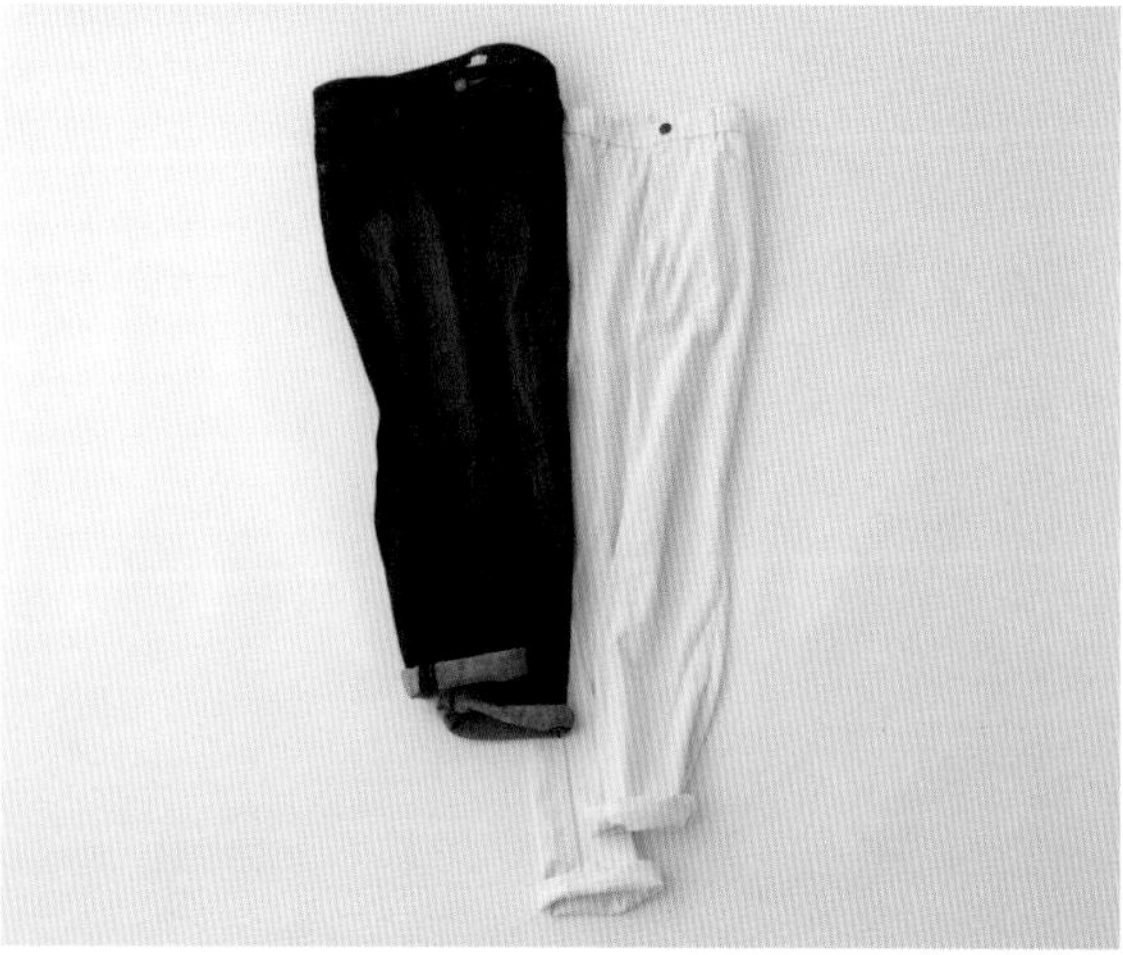

Must Item

7 カジュアルパンツ

オフで使えるパンツとして、デニムまたはカーゴパンツがあるとコーディネートの幅がぐんと広がります。デニム派はキレイめに見える濃いインディゴブルーを。AG、RED CARD、リーバイスなどからはきやすいデニムが出ています。カーゴ派はダブつきの少ない細身で、足首が見える丈を選んでください。フルレングスはやや武骨で男性的な印象になってしまいます。

脚のラインを活かすには、細身のスキニーパンツもおすすめ！　ユニクロの「レギンスパンツ」は超優秀。オフホワイトや黒はヘビロテ必至ですね。オフスタイルに浮かびがちなチノパンは、実はテクニックがいくつも必要な上級アイテムなので持たなくてもOK。

Must Item
8 ワンピース

1枚で華やか。カーディガンを羽織ればスカート感覚で気軽に。ジャケットを羽織ればビジネスでも着られるフォーマルスタイルに。ワンピースが1枚あるだけで、女性のコーディネートは広がります。

大人が似合うのはふわふわと広がり過ぎるデザインではなく、落ち着きのあるデザイン。ジャージーなどストンと落ち感のある素材を選ぶのがポイント。ジャージーは洗濯できてシワになりにくいので、出張が多い方にもおすすめです。袖丈が肘まであるものを選ぶと、季節を問わず1枚でも着られますよ。全体の印象を左右するのが足元。ベーシック色のパンプスならフォーマルに、レギンスとバレエシューズを合わせればカジュアルシーンに◯。

Must Item

9 カーディガン

ブラウスの羽織りものとして重宝するカーディガン。内勤中心なら仕事着としても活躍します。色は黒などダークカラーではなく、顔映えのする〝レフ板色〟をぜひ！

　1枚目はオフホワイトかライトグレーなどを、2枚目は「色ブラウス」でおすすめしたようなキレイ色を選んでくださいね。

　平凡なデザインでは「フツウ」の印象になってしまうので、裾に動きがあったり、ボタンが凝っていたり、存在感のあるものを見つけて。羽織りものに存在感があると、全体のコーディネートがまとまりやすくなります。

　ソフトフェミニン&ポップキュートタイプはウエスト丈、シックナチュラル&クールシャープタイプはロング丈が似合います。

Must Item
10
ジャケット

大人であれば1枚は持っているはずのジャケット。でも、ダークカラーばかりという方、結構いるんです。繰り返しますが、大人の女性の味方になるのは〝レフ板色〟！　まずはライトベージュから取り入れ、オフホワイト、ライトグレーと明るめジャケットをそろえていくといいですね。スカート派は短め丈が合わせやすくなります。

そして意外に重要なのは素材の〝伸び感〟。毎日心地よく着るためにほどよいストレッチ感のあるものを選びましょう。素材表示を見て「ポリウレタンが2％以上」入っていることが目安です。素敵に着こなすためには袖丈がジャストサイズであることが大事！

145ページも参考にしてみてくださいね。

Must Item

11 キラキャミ

11アイテムを10アイテムに絞れないのは、やっぱりこの子が大事だからです。ラメが入ったキラキラ素材のキャミソール、略して「キラキャミ」。箔を貼ったようなヌラッとしたツヤのあるキャミソール、「ヌラキャミ」も同じくおすすめしています。

襟元が広めに開いたブラウスやワンピースのインナーとして、幅広く使える超優秀アイテム。襟元にキラッと出る部分は、顔周りを明るく照らすライト効果が。ブラウスの裾からキラッと出る部分は、ベルトのようなアクセント効果でコーディネートを引き締めてくれます。タンクトップ型、ベアトップ型…、何枚あっても困らない頼れるアイテムです。暖かめのシルバーか、明るめゴールドが◎。

11アイテムをフル活用して2週間！着回しコーディネート

「たった11のアイテムで、着る服に困らなくなる」というのは本当です。私の頭の中では、11アイテムがパズルのピースのようにクルクル入れ替わり、コーディネートが完成していきます。

実際にどんな組み合わせができるのか、写真で5つのパターンを紹介していきましょう。トップスを入れ替えるだけでさらにバリエーションは広がり、2週間以上の日数をカバーできちゃうからとってもラク！　シーズンごとに柄ブラウスや色ブラウスの旬ものを投入していけば、いつも新鮮な印象になりますよ。

ジャケットを羽織ったフォーマルスタイルから、海辺へのドライブに似合うカジュアルスタイルまで、フォーカジランク（57ページ）の1から4まで対応可能です。

coordinate

1

柄ブラウス×カーディガン×きちんとパンツ

顔色が明るく見える白のカーディガンと黒のきちんとパンツで、シンプルな〝額縁〟が完成。あとは額縁の中に入れる〝絵〟となる柄もの・色もののトップスを入れ替えるだけで、コーディネートのバリエーションが広がります。

全体的に〝縦長〟の組み合わせで「スラリ効果」も。人気のロングカーディガンは太ももの真ん中くらいまでの丈がおすすめです。コートを着た時に裾が見えることもなく、カジュアル過ぎない印象にまとまります。

トップスアレンジで、
プラス４コーデ！

- 色ブラウス×カーディガン
- 白ブラウス×カーディガン
- 色ブラウス×ジャケット
- 白ブラウス×ジャケット

coordinate

2

色ブラウス×シンプルスカート

トップスアレンジで、
プラス４コーデ！

・白ブラウス×カーディガン
・白ブラウス×ジャケット
・色ブラウス×カーディガン
・色ブラウス×ジャケット

羽織りがなくても1枚で着映えする色ブラウスは、夏に特におすすめのスタイル。シンプルスカートを合わせれば、きちんとした印象に。

よりフォーマルな印象をプラスしたい時に効くのがスカーフです。ジャケットの襟のような〝縦ライン〟ができるので、オフィスにもしっくりなじみます。スカーフの柄にある色とブラウスの色を合わせることで、統一感が生まれます。スカーフを引き立てるように、ネックレスは控えめパールを選択。

coordinate

3

白ブラウス×ジャケット×色柄スカート

トップスアレンジで、
プラス1コーデ！
・白ブラウス×カーディガン

「かわいい柄スカートに一目ぼれして買ったものの、使いこなせない……」という人は、トップスも色柄ばかり持っているパターンが多いんです。白ブラウスと組み合わせれば問題解決！　主役の色柄スカートを引き立てるため、トップスは白でシンプルにまとめましょう。さらにジャケットを羽織れば、オフィスにもなじむ着こなしに。

ブラウスをスカートにＩＮする場合は、ネックレスは短めにまとめるのが、上半身をすっきりと見せるポイントです。

coordinate

4

ワンピース×ジャケット×キラキャミ

トップスアレンジで、
プラス1コーデ！

・カーディガン

ワンピースは女性らしく華やかな印象を与えるアイテム。面積が大きい分、単体でのインパクトが強いので、「着る機会がなかなかない」という方もいます。

ぜひ試してほしいのが、ジャケットやカーディガンを合わせて「面積を減らす」コーディネート。トップスの大半が隠れるので、スカートと同じ感覚で着こなすことができます。ジャケットであれば、よりきちんとした印象に。

ワンピースの下には〝レフ板効果〟のあるキラキャミを。

coordinate

5

白ブラウス×カーディガン×カジュアルパンツ

トップスアレンジで、
プラス2コーデ！

・柄ブラウス
・色ブラウス

白・白・黒とモノトーンで服をまとめたスタイル。トップスをあえて白でまとめることで、上品なおしゃれ上級者の印象に。

ブラウスをきちんとパンツに替えれば、オフィスにもおすすめのスタイルです。

上半身を白でまとめた分、靴やストールの小物でアクセントを。大胆な配色のバッグも似合うスタイルです。パンプスを合わせる時は、パンツ裾をロールアップしてくるぶしを見せると、女性らしい華奢なラインが際立ちます。

11アイテムでこれだけ多彩なコーディネートが簡単にできるということ、分かっていただけましたか？

白ブラウス×ジャケットというトップスが決まったら、ボトムスはきちんとスカートか、色柄スカートか、きちんとパンツか……と、パズルのピースを組み合わせるようにして簡単にコーディネートが完成！　パターンに慣れれば、毎朝の服選びに迷う時間もきっと激減するはずです。

そして、実際に11アイテムを揃える際に押さえておきたいのが、28〜29ページでの表で示した〝4つのファッションタイプ〟の活かし方。それぞれのタイプにおける11アイテムの違いを知っておくと、「自分に似合う服選び」がぐっと簡単になります。「ジャケット」でも、各タイプで選びたいジャケットの形や素材、色は微妙に違うのです。自分の性格を表すファッションタイプの11アイテムをチェックしてみてください！

ON&OFFのコーディネート例も紹介します。

ソフトフェミニンタイプ

11着

ミントグリーンの
ブラウス
（index）

シフォン素材のリボン付き
白ブラウス
（index）

グレーの
タイトスカート
（ユニクロ）

淡い水彩画風の
柄ブラウス
（クード シャンス）

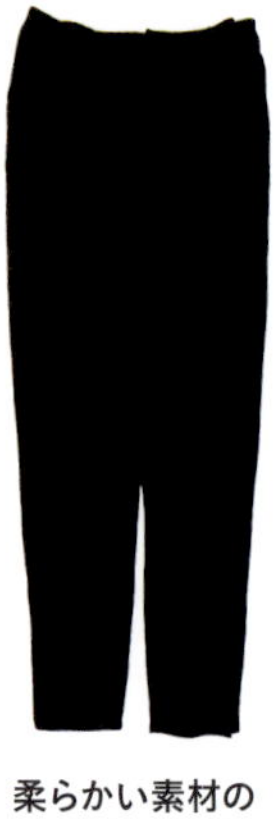

柔らかい素材の
ネイビーパンツ
（ROPÉ）

淡い水彩画風の
色柄スカート（セットアップ）
（クード シャンス）

ラベンダー色の
ボレロふうカーディガン
(index)

繊細なラメ入り
ノーカラージャケット
(ノーブランド)

淡い水彩柄の
ワンピース
(アーモワール カプリス)

キャミソール型
キラキャミ
(MK)

女性らしい柔らかなイメージが似合うソフトフェミニンタイプは、全体に淡く繊細な雰囲気のデザイン、色、素材がしっくりとはまります。上質感を意識して選ぶことが、大人の女性のエレガンスを演出するポイントです。

白デニムパンツ
(ユニクロ)

ソフトフェミニンタイプ

コーディネート例

ON

色ブラウス
×
ジャケット
×
色柄スカート

優しい印象の色柄スカートの中の1色、ミントグリーンの色ブラウスを合わせた組み合わせ。繊細なラメが輝くオフホワイトのノーカラーツイードジャケットは、ウエストの切り替えラインがあることで脚長効果あり。足元は白よりもグレーでニュアンスを効かせて。「誠実さ」を大切にする人らしい、エレガントな装いです。

OFF

白ブラウス
×
カーディガン
×
きちんとパンツ

「カジュアルスタイルは苦手」というソフトフェミニンタイプに提案したい上品なオフスタイル。柔らか素材のネイビーパンツで下半身を引き締めた分、上半身はリボン付きブラウス、パステルラベンダー色のカーディガンでフェミニンさを強調。さらに小花柄ストールで華やぎをプラス。足元は華奢なサンダルで繊細さを演出。

ポップキュートタイプ

11着

ビジュー付きの
イエローブラウス
（グリーンレーベルリラクシング）

短め丈で決まる
白ブラウス
（GALLORIA）

ベージュの
フレアスカート
（ノーブランド）

ポップな花柄ブラウス
（ZARA BASIC）

上質感のある
ベージュパンツ
（index）

チェック柄スカート
（ノーブランド）

**ビジューボタン付き
白カーディガン**
（Rose Tiara）

**ネイビーの
テーラードジャケット**
（ポール・スチュアート）

**ポップな柄の
ワンピース**
（ダイアン フォン ファステンバーグ）

**タンクトップ型
キラキャミ**
（INDIVI）

元気で明るい印象を伝える色や柄を素敵に着こなせるポップキュートタイプ。はつらつとした内面の魅力を積極的に表現して。「子どもっぽくなりがち」という悩みを解消するには、シルエットや素材で大人の上質感を伝えましょう。

ワンウォッシュデニム
（ユニクロ）

ポップキュートタイプ

コーディネート例

ON

白ブラウス×ジャケット×色柄スカート

スクールガールふうのトラッドスタイルが似合うこのタイプに提案したい、紺ブレザー×チェック柄スカート。ジャケットの襟にブローチを複数つけ、袖を折り返して裏地のラインを見せるなど遊び心を見せて。大人のチェックは濃淡のコントラストがある柄を選ぶのが正解。レフ板効果の白ブラウス投入も忘れずに！

OFF

ワンピース×カーディガン

元気が出そうなビタミンカラーのプリント柄ジャージーワンピース。上に羽織るカーディガンは、一つひとつ異なる形のビジューボタンが特長。丸襟でコンパクト丈であることも、ポップキュートさんならではの快活な印象を引き出します。靴はピンクベージュを選ぶことで脚の肌色とつながってすらりと脚長効果アリ。

シックナチュラルタイプ

11着

変形デザインの
イエローブラウス
（ノーブランド）

Vカット
白ブラウス
（H＆M）

ブラウンベージュの
スカート
（ノーブランド）

エスニック柄ブラウス
（After All）

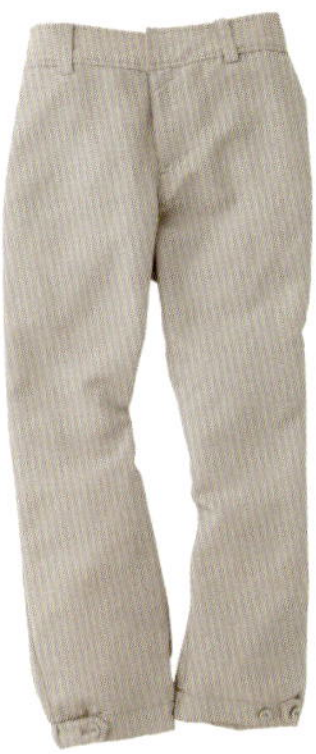

ベージュパンツ
（J.FERRY）

華やぎアースカラーの
スカート
（シーバイ クロエ）

変形デザインの
白ロングカーディガン
（アーモワール カプリス）

アースカラーの
ワンピース
（ベネトン）

“自然体”がしっくりくるシックナチュラルタイプは、リラックス感や動きのあるドレープになったデザインや、アースカラーをかっこよくセクシーに着こなせます。カジュアルに偏りがちですが、この11アイテムを揃えればフォーマル感もアップ。

カーキベージュの
ドレープジャケット
（ZARA BASIC）

タンクトップ型
キラキャミ
（ノーブランド）

柔らか素材の
カーゴパンツ
（ZARA BASIC）

シックナチュラルタイプ
コーディネート例

ON

ワンピース
×
ジャケット

リラックス感を重視するこのタイプにも、似合うフォーマルスタイルがあります。ジャケットが窮屈に感じる人でも、カーディガン感覚で着られる着流しジャケットなら難なくクリア。彩度の高い柿色やピーコックブルーが混じったシルクワンピースと合わせて。ネックレスは定番のパールのほか、天然石系も似合います。

OFF

柄ブラウス×カーディガン×カジュアルパンツ

ドレープ感のある装いが似合うシックナチュラルタイプのオフシーンはこんな装いで。てろんと肌に沿うような柔らかい素材のカーキグリーンのカーゴパンツに、淡いエスニック柄のブラウス。切りっぱなしで裾に動きのある変形タイプのロングカーディガンで全体がまとまります。茶系スエードの靴は素材感を。

クールシャープタイプ

11着

千鳥格子のブラウス
（ノーブランド）

辛口モノトーンの
白ブラウス
（H&M）

千鳥格子の
ストレートスカート（セットアップ）
（ノーブランド）

赤×白×水色の
ボーダーブラウス
（ZARA BASIC）

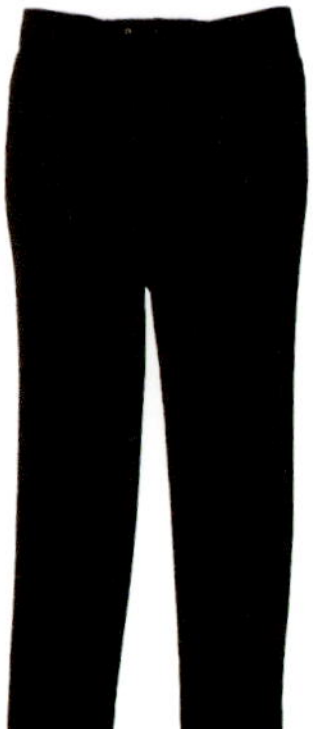

シャープなセンタープレス
ブラックパンツ
（ノーブランド）

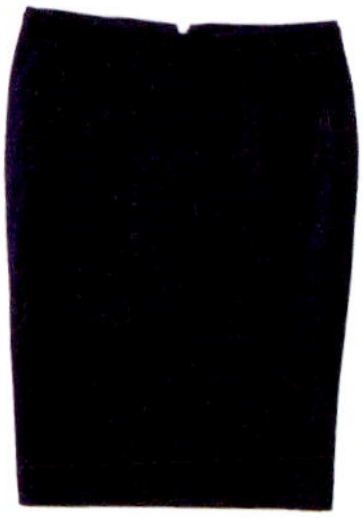

ロイヤルブルーの
タイトスカート
（H&M）

赤の前下がり
ロングカーディガン
(BCBGMAXAZRIA)

Vネック
ジャケット
(TOPSHOP)

モノトーンワンピース
(ZARA BASIC)

ベアトップ型
キラキャミ
(デ・プレ)

強い印象の辛口デザインで魅力が引き立つクールシャープタイプは、丸みよりも鋭角、淡い色よりも原色やモノトーンが似合います。カジュアルシーンが苦手な方も、原色やモノトーンを取り入れるだけで自分らしい着こなしに。

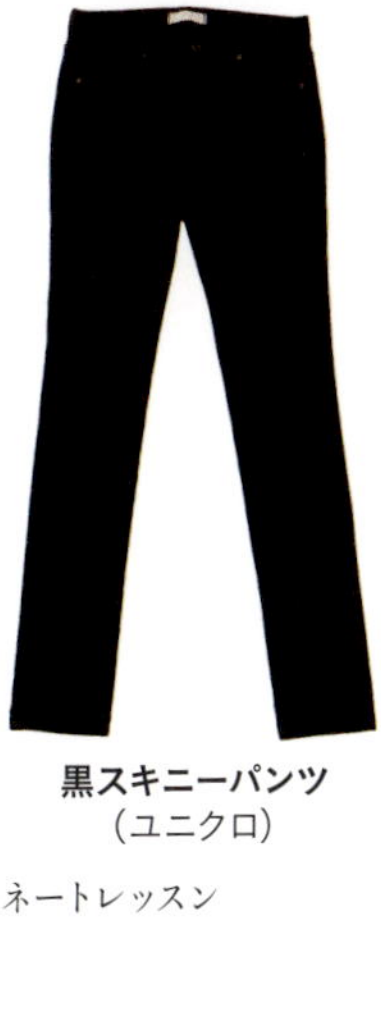

黒スキニーパンツ
(ユニクロ)

クールシャープタイプ

コーディネート例

ON

色ブラウス
×
ジャケット
×
色柄スカート

ブラックを好む傾向が強いクールシャープタイプに試していただきたいのは、パキッと冴えた白のジャケットスタイル。黒以上に強い存在感を放ちます。裾が前下がりになったシャープなデザインも特長。オフィスで浮かない鮮やかカラー、ロイヤルブルーのタイトスカートやブラウスの裾でほどよい女性らしさも演出。

OFF

柄ブラウス×カーディガン×カジュアルパンツ

キャリア志向が強いゆえ、オフシーンの装いに悩みがちなこのタイプ。〝前下がり〟〝モノトーンまたは原色〟といったクールシャープらしさをキープしたアイテムを選べば、かっこよくリラックス感もある辛口オフスタイルが完成します。柄ブラウスのボーダーは幅広で色のコントラストがあるほうが断然似合います。

自分のタイプを知って買い物のムダをゼロに

4つのファッションタイプ別11アイテム＆コーディネート例、いかがでしたか？ 4タイプを比較してみると、その印象の違いがはっきりわかると思います。同じ「ジャケット」でも、ソフトフェミニンタイプは繊細さや優しさを強調する素材やデザイン、クールシャープタイプは意志の強さやリーダーシップを強調するようなものと、見た目がまったく違いますよね。

この違いを知っていただき、日頃のお買い物の時に意識していただくと、だんだんとお店に並ぶ膨大な服の中から**「私に似合う服」だけが浮き上がって見えてくる**ようになります。自分らしさを伝えてくれる服しか、目に入らなくなるのです。

結果、**買い物の時間が大幅に短縮される**といううれしいメリットが。「百貨店のフロアを2時間見て回ったけど、どれもよさそうで結局何も買えなかった」なんてことがなくなります。忙しく、時間を大切にしたい皆さんにとっては、とても大きなメリットだと思いませんか？

冒険したい時は小物で取り入れる

4タイプの11アイテムやコーディネート例を比較しながら、気づいた方もいらっしゃるかもしれません。ソフトフェミニンとポップキュート、どちらも「かわいい」印象ですが、それぞれから伝わってくるパーソナリティーはまったく違いますよね。日本語の「かわいい」という表現があまりに広い範囲をカバーするために、ファッションにおいても「かわいい」のニュアンスが混同されている現象はよーく見られます。

同じように「かっこいい」という表現も、シックナチュラルタイプとクールシャープタイプのどちらにも当てはまりそうですが、似合う服として選ぶべきアイテムはまったく異なります。4タイプの違いを知っておくことは、大切な人に服や小物のプレゼントをする時にも役立ちそうですね。

では、自分のタイプ以外の色や柄に心惹かれてしまったら……？　そんな時は、顔に近い場所に装うアイテムは避け、できればポーチやバッグなど小物類で取り入れるようにするといいですよ。

Column 3

＋αで装いが決まる！ 小物使いのテクニック

ミリィカレガリ
http://millycallegari.com/

ウサバコ
http://www.usabaco.com/

ロングネックレス

〈持っておきたいのはコレ！〉

90㎝前後のコットンパールネックレス

・上品な輝きと温かみのある白が誰にでも似合う
・一連、二連とアレンジできるベストの長さは90㎝
・粒は8㎜がおすすめ。控えめにしたい人は6㎜で

カラーネックレス

・シンプルな装いに合わせる華やぎ色
・粒と粒の間隔がほどよく空いているものを
・寒色系or暖色系、よく着る服の色味に合わせる

顔周りに光を集め、ライトのように照らしてくれるネックレス。大人の女性に必須の小物をひとつ選べと言われたら、迷いなく「ネックレス！」と答えます。

ロングネックレスであれば、一連のままかけると上半身に〝縦ライン〟を強調し、二連・三連で輝きをコンパクトに強調することもできておすすめ！　長さはよく売られている90㎝が目安ですが、身長によってジャストサイズは微妙に異なります。一連でかけてみぞおちより下、おへそを越えない長さを選びましょう。

1本目で持ちたいのはコットンパール。光沢のある綿を織り丸めた〝なんちゃってパール〟ですが、品と温かみのある輝きは身につける人を選ばず、空気のように軽いのがうれしい！　寒色系・暖色系どちらの服にも合うシルバー＆ゴールドのミックスや、カラービーズとの組み合わせもおすすめです。

白っぽいトップスの日にはきれいな色のカラーネックレスを。ネイビー、ブルー、グレーなど寒色の服が多い人はブルー系を、ベージュやオレンジ、イエローなど暖色系の服が多い人はオレンジ系を選ぶとコーディネートしやすくなりますよ。

ストール

〈顔色を明るく見せる色をチョイス
迷ったらオフホワイト！〉

ファッションタイプ別おすすめの色柄
（写真中央から反時計回りに）

・繊細なラメ入りのオフホワイト
↓ソフトフェミニンタイプに
・小さなボンボン付きコーラルオレンジ
↓ポップキュートタイプに
・さまざまな花のボタニカル柄
↓シックナチュラルタイプに
・赤が効いたコントラストの強い柄
↓クールシャープタイプに

首回りを暖かくして冷えを防いでくれるストールは女性の味方！　くるくるっと巻けばアクセントになり、さらっとかけるだけでも体の中心に２本の〝縦ライン〟ができて、スラリと見える視覚効果があるのもうれしいですね。

顔のすぐそばに追加するアイテムなので〝レフ板効果〟があるものを選ぶのが鉄則。**黒・グレー・ネイビーといった暗めの色は、シミ・シワ・ほうれい線といった見せたくない顔の黒いポイントまで拾って強調してしまう**のでおすすめしません。ということで、とにかく明るめの色を！　迷ったら誰でも似合うオフホワイトを。無地と柄の２つを揃えておくと、服と組み合わせやすくなります。

そして、忘れてはいけないのはストールはあくまで「外でつけるアイテム」であるということ。オフィス内で巻きものが欲しい時は、スカーフを使いましょう。

とっても便利なストールですが、「いつも同じ巻き方で変化が出せない」「すぐに形が崩れる」といった不満もよく聞きますので簡単で、再現性の高い巻き方をいくつかお伝えします。巻き方のバリエーションは世の中にたくさん出回っていますが、「これだけ知っていたらＯＫ」というものを厳選しました。

あっという間に完成！

これだけ覚えたらOKのストールの巻き方

ここで紹介している巻き方は、どれもとても簡単です。簡単だからこそ、ちょっとしたコツで大きな差が出ます。ぜひマスターして、さりげないおしゃれを楽しんでください。

Pattern 1

柔らかで上品な印象

「くるっと巻き」

❶長方形ストールを蛇腹型に折り畳む（正方形ストールは角から中心に向かって、左右対称に折り畳んでいく）
※パターン4まで共通

❷両端が揃い過ぎないように持ち、首に1回ゆるく巻く

❸左右の端の高さに差が出るように整える

❹首に巻いた輪の部分を上に出す（両端を輪の下隠す）

Pattern 2

超シンプル！
歩き姿が素敵に決まる

「かけるだけ」

❶折り畳んだストールを首にかける

❷幅12cmまでを目安に調整。幅広過ぎると太って見える原因に

❸左右の端の高さに差を出す

〈よくあるNG〉

・左右の端の高さが揃っている（まるで手ぬぐい！）

・首元が詰まっている

・右端が輪の上にかぶさっている

Pattern 3 ほどけない安心感！「スヌード巻き」

❶折り畳んだストールの両端を結ぶ。結び目は小さく、できるだけ端ギリギリで

❷結び目が首の後ろに来るようにして、2回巻く

❸二連の輪が重ならないように整える

Pattern 4 大人のセンス漂う「ミラノ巻き」

❶パターン1「くるっと巻き」からアレンジ。長いほうを輪の内側から引いてループを作る

❷ループにもう片方の先端をくぐらせて、軽く引っ張る

❸輪の中央に手をかけて、下に向けて軽く押さえる

❹輪の下の左右の端が前後に重なるように整える（長さに差があると、さらに◎）

ベルト

〈持っておきたいのはコレ！〉

・幅は2cm弱の細め
・揃える順は、フォーマルに使える基本の黒、カジュアルな装いに合う茶メッシュ、万能のグレージュ、アクセントカラー

ベルトはアクセントになるので、何か足りないときのアクセサリーとしてとても便利です。ウエストを強調できるので腰高・足長効果もあります。さらに〝抜け・こなし〟（134ページ）の効果もある使い勝手のいいアイテムです。

アクセント効果のポイントになるのは〝色〟ですが、はじめに持っておきたいのはやはり黒。フォーマルな装いにも使える基本色ですね。２本目は、カジュアルな装いにしっくりとはまる茶系。メッシュ型だと自由自在にサイズを調整できるので、ウエストを高めにマークしたい時、やや下めに巻きたい時と幅広く使えます。

さらにプラスするとしたら、ぜひ「グレージュ」を。グレー（寒色系）とベージュ（暖色系）の中間色だから、黒い靴にも茶の靴にも合う万能カラーなのです。あいまいな色なので服にほどよくなじませたい時にもおすすめです。

もうひとつ、あると便利なのが赤などのアクセントカラー。着こなしのセンスアップに一役買ってくれます。

ベルトでできる“抜け・こなし”のテクニックは「ブラウジング」。ブラウスの上からベルトを巻き、ベルトのすぐ上のブラウスをほんのひとつまみ。長めのブラウスを着る時にこれをすると脚長効果あり！

靴

〈持っておきたいのはコレ！〉
・ヒールは4㎝以上。7㎝が◎
・ストラップ付きならラクラク歩ける
・誰にでも似合う形はアーモンドトゥ
・万能なのは「グレージュパンプス」

きちんとした印象にしたい時の靴といえば「黒」や「茶」が王道だと思います。でも**黒・茶を超える万能カラーとして私がプッシュしているのが「グレージュ」です**（写真中央手前）。前ページのベルトでも紹介した、グレーとベージュの中間色。どんな色でもキャッチしてしまう懐の深～い色です！　秋冬におすすめのチャコールグレーのタイツとも相性が良く、足元を品よく見せてくれます。

春夏におすすめな色は、写真左のピンクベージュ。肌色にとってもなじむ色なので、素足を出す季節に履くと脚長効果がバツグンです。あまりに肌になじむゆえに「はだしで歩いている!?」と思われないよう、光沢感のあるパテント（エナメル）を選ぶのがポイントです。アクセントカラーとしておすすめはモノトーンにもグレー系の装いにも合う赤。しかも季節を選ばない。顔から離れているパーツだからこそ大胆な色も難なく挑戦できます。

女性の脚をきれいに見せるのはやはりヒール7㎝以上！　「歩くとかかとが脱げて疲れる」という人はストラップ付きを選べば問題解決。また、前部分の底が厚めの靴は、見た目よりも「高さ」を感じずにストレスフリー。

「今日はぺたんこ靴な気分」という日にきちんと感を出したいなら、メンズライクなモンクストラップの靴がおすすめです（写真右）。ぺたんこ靴ではバレエシューズが人気ですが、バレエシューズのフォーカジランクは2まで。ジャケット着用の場面では避けたほうがよいでしょう。せめてローヒールのパンプスに。

バッグ

〈持っておきたいのはコレ！〉

- 靴を選ばないグレージュorコンビネーション
- A4書類が入るサイズが便利
- 「2個持ち」派はコンパクトサイズ＋トート

靴と同様、お仕事バッグとしてまず買いたくなるのは黒や茶ですが、やはりここでもおすすめしたいのが**「グレージュ」**です。グレーにもベージュにも見えるような〝あいまい色〟だとどんな服にもマッチします。

同じ効果でおすすめしたいのが、**コンビネーションカラー。**黒×茶×紺の3色コンビネーション（写真左）や、ベージュ系×黒のコンビネーション（写真右）など。単色よりも合わせられる服のバリエーションが広いので、とっても使いやすいのです。夏にはメタリックシルバー（写真奥）を選ぶなど、季節感を出すとセンスアップ！

形はやはり「A4書類が入るサイズ」を基準にするといいですね。メンズのブリーフケースとは一線を画す柔らかいデザインを選びましょう。

お財布やコスメポーチなど小物類を入れるバッグと書類バッグを分けて〝2個持ち〟したいという方は、小ぶりのコンパクトバッグ（写真手前）とトートバッグを組み合わせるといいですね。肩にかけられるストラップ付きを選ぶと「バッグ2個持ちでも片手が空く」ので便利。

おすすめブランドはラグジュアリー系ならクロエ、セリーヌ、マルベリーなど。シグネチャー（ブランドロゴ）びっしり！のデザインは主張が強過ぎて、服に合わせづらいのであまりおすすめできません。1万円台で買えるバッグは、アパレルブランドが優秀！　服づくりから発展した合皮の技術が◎です。

3章

さらにワンランク上の着こなしに挑戦！ 7つのキーワードと3つのテクニック

おしゃれにはセンスが必要？　いいえ、実は「おしゃれに見える」ちょっとしたテクニックの積み重ねで、センスがあるように見えるだけなのです。それらの中から私がお客様だけにお伝えしてきたテクニックを厳選してお伝えします！　本当に簡単なことばかりなので、今日から実践してみましょう。

着こなしワンランクアップ7つのキーワード

シンプルな普通の服を着ているのに、なぜか素敵に見える人。いつも垢ぬけて見える人。そんな装い上手さんは何が違うのでしょうか？　生まれ持った雰囲気？　おしゃれのセンス？　いいえ、実は小さな小さなテクニックが決め手になっていることが多いんです。

ということで、ここでは私がお客様だけにお伝えしてきた「装い上手になるためのコツ」を7つの短いキーワードでご紹介します！　誰でもすぐに実践できる簡単なものばかりですが、効き目はバツグン。一度読むだけで、今日からワンランク上の着こなしを楽しめるはずですよ。

着こなしランクアップ
Keyword 1

「サイズ感」

“肉を拾わず、カサ増さず”ジャストサイズを着る

どんなに似合う色やデザインでも、体のサイズに合った服でなければ魅力は激減してしまいます。でも、「小さ過ぎ」「大き過ぎ」の服を着ている方、結構多いのです。

まず、「私のサイズは●号」と自分のサイズを決めつけるのはやめましょう。表示の号数と実際のサイズはメーカーによって微妙に違っていて、「同じ9号でもメーカーによってまったく違った」なんてことも珍しくありません。**表示サイズに惑わされず、とにかく試着が命！** 試着する際もできれば2〜3サイズ持ち込んで試してみるのがおすすめです。

ジャストサイズの見極めは〝肉を拾わず、カサ増さず〟。体にフィットし過ぎて気になる部分のラインを見せ過ぎていないか（他人の視線が集まる背中にも気を配って！）、逆に「隠そう」とし過ぎてシルエットが膨張していないか、チェックしてください。

ジャケットは女性は前ボタンを閉める場面はほとんどないので、「ギリギリ閉まる」くらいのサイズがきれいに決まります。

着こなしランクアップ

Key word 2

「シルエット」

「I・Y・A・X（イヤックス）」を意識する

68ページの「似合う〝形〟の見つけ方」で体型の長所を活かす装い術についてお伝えしましたが、併せて知っていただきたいのが、スタイルよく見えるシルエット4パターンです。

ポイントは「どこを絞るか」。上下ともゆるい服を着てモワッとしたシルエットになっている人、意外に多いのです。

1つは、**上半身・下半身ともにコンパクトにまとめる「I」型**（Tシャツにスキニーパンツなど）。次に、**下半身を絞る「Y型」**（チュニックブラウスに細身のパンツやタイトスカートなど）。3つめが、**上半身を絞る「A」型**（タイトなトップスにワイドパンツやマキシスカートなど）で、最後は**ウエストを絞る「X」型**（スカートがAラインになったワンピースなど）です。「I・Y・A・X」で「隠しすぎはイヤックス」と覚えるといいですね。

今日の装いのシルエットはイヤックスのどれにしよう？　と意識するだけで、メリハリのあるシルエット美人になりますよ。

着こなしランクアップ

Key word 3

「トレンド感」

流行は8割流す

「おしゃれ＝トレンドに敏感でなければならない」と思っているとしたら、今すぐ忘れてください。大事なのは「自分の内面を正しく表現すること」。

季節ごとに移り変わる流行の色やデザインは、誰にでも合うものではありません。万人に似合うトレンドはないのです。むしろ、着る人を選ぶ難易度の高いアイテムが流行ることが最近は多い気がしています。だから、**「今のトレンドは私の長所を活かしてくれるものかな？」という視点で賢く見極める**ようにしましょう。

例えば、四肢を長く見せることで魅力が増す方は細身パンツのトレンドには乗るべきですが、上半身にボリュームがある方はガウチョパンツは上下ともに実際より大きく見えてしまうので避けるべき。長所が活きないと判断したら、たとえ周囲の大半が着ていてもキッパリと「乗らない」と判断する潔さを持ちましょう。

流行は8割流して大丈夫。自分の魅力を引き立ててくれる2割にしっかり乗れば、流行にうといとは思われません。

着こなしランクアップ
Keyword 4

「季節感」

2月&8月に、次の季節の"色"を取り入れる

季節をちょっと先取りするような着こなしは、それだけでおしゃれな印象を伝えてくれます。

チャンスは年に2回。2月と8月、「ニッパチ」と覚えてください。2月はまだ寒く、ほとんどの人がダークカラーのコートを着ている時期ですね。そんな中で、ひとり、春の芽ぶきを感じさせるきれいな色をまとっていたら。素敵ですよね！　かといって寒さをガマンする必要はまったくなく、「暖かい素材だけど春の色」のアイテムを着るといいのです。例えば真っ白なダウンや、ミントグリーンのカシミヤストールなど。

一方、8月の周りの人の装いはまだまだ「白！水色！夏休み！」の時期。だからあえて秋先取りの着こなしをするとオシャレな印象になるのです。お盆を過ぎたら「涼しい素材だけど秋色」のアイテムを投入して。水色をネイビーに、レモンイエローをからし色に……と色をチェンジするだけでOKです。

暑さ・寒さを我慢せずに、上手に季節感を先取りしましょう。

着こなしランクアップ
Key word 5

「小物使い」

優先順位を決めて取り入れる

小物使いが苦手、できないと思っている方、けっこう多いのではないでしょうか。苦手意識を持ってしまう原因は、小物といってもアクセサリー、ベルト、巻き物……とアイテムがいくつもあって「どれをどこまで取り入れたらいいのかわからない」と迷ってしまうからだと思います。

そんな方にいつも私がお伝えしているのは**「まずはネックレスだけあればいい」**ということ。顔周りを明るくしてフォーマル感を伝えられる小物として優先順位はトップになるからです（112ページのおすすめネックレスもご参照ください）。ネックレスに飽きたり、変化をつけたくなったら、同じ顔周りを明るくする小物としてピアスやイヤリングを投入しましょう。その次に、シルエット調整もできるしアクセントにもなるベルト。さらに体温調整もできるストール（オフィスなど室内で使いたい場合はスカーフ）を。小物はこれだけで充分です。

着こなしランクアップ

Key word 6

「抜け・こなし」

「アケ・まくり・まくり」のテクニック

ファッション誌をめくっていると「抜け感」「こなれ感」という用語が目に入ってきます。これ、さらりと素敵な響きですが、「どうやったら抜けるの？　こなれるの？」と迷う方も多いのではないでしょうか。

すぐにできておすすめなのは「アケ・まくり・まくり」のテクニック。体の上から順に、まず首回りが詰まらないようにシャツのボタンや巻きものをほどよく開けてデコルテ部分に〝抜け〟を見せます。そして、羽織りものやシャツの袖をまくって手首を見せる。さらに、パンツの裾をアップして足首を見せる。**女性が美しく見えるパーツを隠さずに見せることで、抜け感が生まれます。**

特にカジュアルシーンでの着こなしではぜひ実践を！

〝こなし〟のテクニックとしては121ページのようなベルトブラウジングがおすすめです。

着こなしランクアップ

Key word 7

「柄使い」

“顔立ちと柄の相性”を意識する

柄ものは、プチプライスのブラウスなどで気軽にトレンドを取り入れられるおすすめアイテム。相手の印象に残りやすい分、自分に似合う柄を見つけることが大事です。失敗しない柄選びのためには、94〜107ページでお見せしたようなファッションタイプ別の似合う柄の傾向を知っておくのがひとつ。もうひとつのポイントとして、〝顔立ちと柄の相性〟も意識するといいと思います。

私の経験則として、目が大きくインパクトのある方は大きめの花柄や幾何学模様など「大きい柄」、繊細なお顔立ちの方はペイズリー柄など「小さめの柄」がマッチします。逆の組み合わせになると、「なんか顔と服が合っていない」「顔が服に負けている」という印象になってしまうのです。

ただし、女性は**「メイクで印象を変えられる」**という裏技があります。大きい柄を着たい時はアイメイクを強めにし、小さい柄を着たい時はメイクをおとなしめにすることでバランスがとれます。こんな裏技もぜひ試してみてくださいね。

クローゼットの整理術
〝捨て服〟&〝復活服〟の見極め方

一人ひとりの魅力を引き出す服探しのお手伝いをする中で、私は日々たくさんの方々のクローゼットと向き合ってきました。〝本当に自分に似合う服〟だけで構築されたクローゼットは、スッキリと気持ちがいいもの。反対に、すでに着なくなった服がたまったクローゼットはどんよりとした停滞感があります。

でも実際には、「着なくなった服が大半を占める」クローゼットになってしまっている人がほとんど。もう何年も袖を通していないスーツが奥のほうから出てきても、「でも、まだそれほど傷んでいないし……。高かったし……」と〝捨て時〟に迷っている人も多いようです。そこで、「迷わず捨ててよし！」と決断していい服をリストアップしてみました。

【こんな服はもう〝捨て時〟】

◆**経年劣化で退色している服**（特に「黒」は劣化が目立ちます。少しでも白っぽくなっていたら処分）

◆**全体に小さい毛玉がびっしりついている服**（正面から見て目立たなくても、傾斜して目立つ毛玉がある場合も）

◆**10年以上前に買ったテーラードジャケットのスーツ**（特にVゾーンが狭くボタンが3～4個ついてるデザイン。型の古さはごまかせません。ただし「スカートだけは使える」など単品使いで復活することも）

◆**股上が25㎝以上あるブーツカットのパンツ**

◆**アームホールが広すぎるシャツやニット**（これも一昔前の型です）

◆**結婚パーティー用ドレスとして流行ったバイアス型キャミソールドレス**（年齢を重ねると似合わなくなります。旅行先のリゾートドレスに用途を変えても）

◆そのほか色と形が重複するアイテム（黒のカーディガンは5着もいりませんね！　型などで気に入っているトップ3を選んで残りは手放しましょう）

これらは、私が実際にお客様のご自宅を訪問してクローゼットチェックをした結果、「残念ですがサヨナラしましょう」とご提案する率が高いものばかり。

捨てはしなくても、「今後はもう増やさなくていいですよ」とお伝えしているのがシャツ。11アイテムの中の「ブラウス」さえあれば事足りるからです。併せて、シャツを着る日にやっていただきたい〝こなしワザ〟として、シャツの袖を素敵にまくるステップをお伝えしています（左に写真で紹介します）。

【シャツを素敵に着こなすための袖まくりステップ】

シャツの袖の折り方にはセンスが宿ります。カフスの切り替え位置でパタパタと折り返すだけでは、野暮ったく見えてしまいます。シャツ派は、こなれ感のある袖まくりを覚えておきましょう。

①カフスの切り替えよりも深めの位置で折る

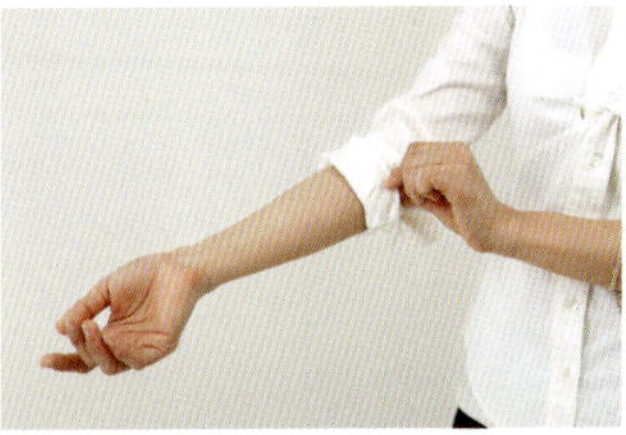

②さらにもう１回折る。カフス部分の１/３くらいの袖先が出る位置まで

③袖先を折り返す

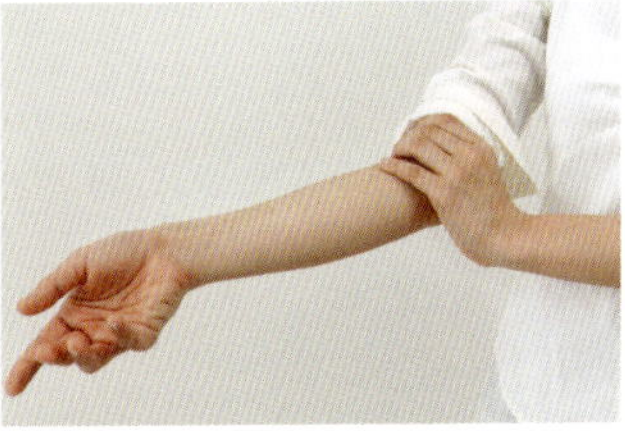

④肘位置までたくし上げる

⑤完成！

一方で、お客様が捨てるつもりになっていても「これはまだ生き返ります！」と〝復活認定〟する服もあるのです。

そんな復活服の代表例が、肩パッド入りのジャケット。バブルの香りがする古い型ではありますが、お直し屋さんで「肩パッドを薄くしてください」とお願いすると、充分に着られる今ふうシルエットになる可能性大！　ボタンもトレンドを反映するものなので、つけ替えると効果的です。

また、10年以上前に買ったパーティードレスも「2、3回しか着ていないから」という理由でクローゼットの奥に眠らされている場合が多いのですが、「普段着におろす」ことで見事に復活を遂げることも。着る人が年齢を重ねて〝格〟が上がったことで、かつてハレの日のためだった服が普段の服としてなじむようになるからです。こんな提案をする私を〝**クローゼットの蘇らせ職人**〟と名づけた方もいました。

そうそう、クリーニングの返却時についてくるビニールをかぶせたまま服をしまい込んでいるケースが多々見られるのですが、これは絶対NG！　服が窒息して覚えのないシミが浮き出ることも！　どうしても埃を避けたいなら、不織布カバーをかけましょう。

運命の1着に出会うために！買い物上手になれる5つのコツ

服を買いに行ったのに、欲しいものが見つからず収穫ゼロだった。販売スタッフにすすめられるままに買ったけれど、似合わない気がしてほとんど着ていない——。

そんな買い物の失敗が頻繁にある人に知っていただきたいのが、「買い物上手」になるためのコツです。販売スタッフに声をかけられるのが苦手、という方は多いですよね。私は、アパレルの販売員の立場、またスタッフを指導する立場の経験もしてきました。

ここでは、販売スタッフとうまくコミュニケーションし、お買い物上手になれるポイントを惜しみなくお伝えさせていただきます。

◆コツ① 試着は必ず！ 鏡チェックは斜め・横・後ろから

129ページでもお伝えしたように、表示のサイズだけで買うのは危険。必ず試着するのが鉄則です。試着した際のチェックを試着室内の鏡だけで済ませてしまう人がいますが、ぜひとも外に出て、靴を履いた状態で全身をチェックするようにしましょう。できれば、店内フロアの照明がよく当たる位置まで移動して。

そして大事なのは、正面から見ただけのチェックでよしとしないこと！ 他人の視線は正面よりも斜めや横、後ろから注がれるもの。斜め・横・後ろと角度を変えながら360度チェックをすることを忘れずに。

◆コツ② 丸腰で試着室から出ない

試着したら、まずは自分でしっかりと全身をチェックし、不安な点、疑問に思っている点を確認してから試着室から出てください。そして、それらを販売スタッフに質問してみましょう。「いつも着ない色なのですが、私に似合っていますか？」「素敵だけど、手持ちの服と合うでしょうか？」など。何も考えずに丸腰で試着室から出てしまうと、販売スタッフの「お似合いです！ 素敵です！」に負けて、違うかなと思ってもうまく断れず、購入してしまいがちです。〝先制〟すればペースも乱されません。先に質問することを心がけましょう。

◆コツ③　店頭にないからとあきらめない

お店の売り場面積は限られていますが、実は奥にたっぷりとストックが隠されています。お目当ての服が店頭で見つからなくてもあきらめて帰らないで！　販売スタッフに聞けば、すぐに出てくることも多いのです。また、店頭で見つけて気になりつつも購入はすぐに決められないという服については、「品番のメモ」をもらいましょう。品番があれば自宅近くの店舗に取り寄せるのもスムーズです。

◆コツ④　セールの狙い目を知っておく

うれしいうれしいセール！　セール期間の中で特に狙うべきポイントの時期をこっそり教えます。「これが欲しい！」というお目当てのものが決まっていたら、初日午前中に行きましょう。「いいものがあれば買いたい」という場合なら〝2週目〟が狙い目。そこそこ在庫が揃っていながら、さらにプライスダウンもされるオトクな時期だからです。セールの最終週も〝底値〟で掘り出し物が見つけられるチャンスあり。

セール終盤には次の季節の定価商品が並び始めます。実はこれも狙い目。各ブランドがレアな試作品を本来より一割強安い定価をつけて売り出しているのです。「人とカブりたくない」という人は、この時期に買い物をするのがおすすめです。

◆コツ⑤　遠慮なく、どんどん「お直し」！

お直しを遠慮しないで！と、私は声を大にして言いたいです。特に気になるのがジャケットの袖。パンツの裾上げはやって当たり前なのに、なぜジャケットの袖は長いままで買ってしまうのでしょうか。

明らかに長すぎるのに「折れば大丈夫です！」なんて言う販売スタッフは論外。ビジネスシーンでは目上の方との打ち合わせ、会議などの時は袖を折らないのがマナー。一方、内勤などの時は袖を折って手首のくるぶしを見せることで〝すらり効果〟が狙えます。丁寧にお直しの対応をしてくれるスタッフとは長いお付き合いをしましょう。

【これがジャケットの袖のジャストサイズ】

× 手の甲が隠れるのは長過ぎ

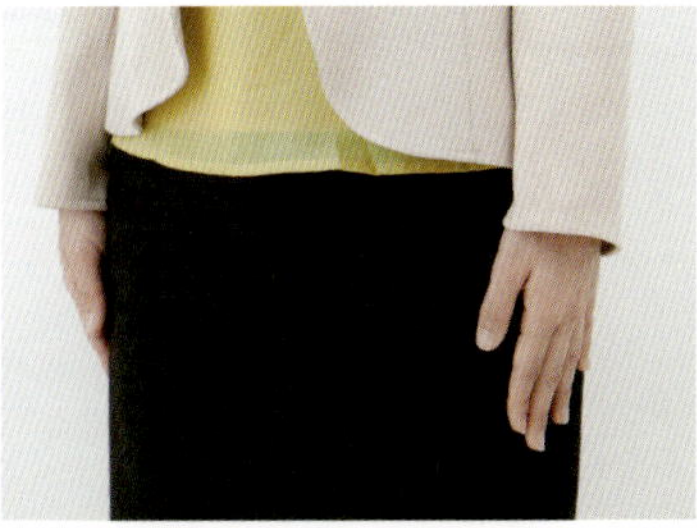

○ 手首のくるぶしが隠れるくらいがジャストサイズ

○ 折ればくるぶしが出て、ほどよい抜け感

私物11アイテムを公開！
ハイ&ローMIXでプチプラを上手に取り入れて

ベーシックな11着に慣れてきて、さらにワンランク上のおしゃれを目指すなら、〝ハイ&ロー（ハイプライス&ロープライス）〟のメリハリをつけるのもがポイント。

スタイリストという仕事柄、「おしゃれなブランドの服ばかり着ているんでしょ？」と思われがちですが、私はプチプラ服も大好きです。むしろプチプラを買う回数のほうが多いくらい！　でも、**全身プチプラ服でOKなのはせいぜい20代前半まで。**大人の女性ならではのハイ&ローをさっそくご紹介します。

プチプラで探すほうがいいのは、〝トレンド感〟を伝えるアイテムや汚れが目立ちやすい白色などのアイテムです。11アイテムの中でも最もトレンド感を伝えるのは柄ブラウスです。柄はインパクトがあるので、バリエーションが少ないと「いつも同じ服を着ている」という印象を与える可能性も。また、白ブラウスや白いカーディガンは汚れやすいので、こまめに更新するほうがおすすめです。これらは、安くてもシルエットが品よく〝高見え（高価に見える）〟のアイテムが見つかったら即ゲットです！

また、最近は、プチプラでも優秀なアイテムが充実してきました。例えば、**ユニクロのレギンスパンツやストレッチ素材のタイトスカート**は、私は毎シーズン7着〜10着をまとめ買い。単純にはき心地がとてもいいからです。プチプラな分、退色がやや早い面はあるので、「黒が薄くなってきたかな？」と感じたら新しいものにチェンジ。自宅で洗濯できる気軽さも日常服として使えるポイントです。

反対に、**しっかりオカネをかけたいのは、フォーマルなシーンに堂々と着ていけるジャケットやワンピース**。**色ブラウス**も、やはり上質なものであるほど「トップスはこれ1枚で勝負」が可能になって、使えるシーンが広がります。

では実際に、私の私物ハイ&ローを公開します。ハイ&ローを混ぜ込みながらのコーディネート例も、お買い物の参考にしてくださいね。

Low!

柄ブラウス（ZARA）
柄ブラウスは毎月更新して印象をフレッシュに。花柄や幾何学柄のほか、流行りのボヘミアン系もプラスしました。3900～5900円くらい。

High!

ミントグリーンのブラウス（シー バイ クロエ）
羽織りなしのこの1枚で勝負することもある色ブラウスは、シルエットがものを言うのできちんと投資。2万円前後。

Low!

オフホワイトのロングカーディガン（ユニクロ）
使いやすい膝上丈のロングカーデは1000円台。柔らかで上品な質感。着古したら替えられるように7枚購入。

Low!

黒のレギンスパンツ（ユニクロ）
ディテールが年々進化する人気商品。はき心地最高！ お客様にもすすめるので、一度に10本買ったことも。2000円でお釣りがきます。

Low!

ネイビーのセンタープレスパンツ（ノーブランド）
新宿高島屋のタイツ売り場で見つけた掘り出し物。ダブル仕立ての裾、センタープレスで“高見え効果”あり。約2500円。

白ブラウス（アーバンリサーチ）
もう何枚持っているか分からない白ブラウス。緩やかなVラインのデザインが首を長く見せて着痩せ効果大。1万円前後でした。

High!

ジャケット（シャネル）
一生ものとして"清水買い"したシャネルのジャケット。冴えた白をベースにネイビーと黒を入れたデザインは上質なスカートにもデニムにも好相性。

ヌラキャミ（デ・プレ）
温かみのあるベージュにシルバーの箔という色が万能！ 肩ひもがとれて型がしっかりしているので愛用しています。5900円ほど。

High!

シルクシフォンのワンピース（ダイアン フォン ファステンバーグ）
パーティーなどここぞという時のために。濃淡カラーが入っているので、羽織りは濃い色でも白でも合わせやすいんです。約8万円。

Low!

ロイヤルブルーのストレートスカート（H&M）
華やかかつ上品に見える大好きな色です。シャネルのジャケットとセットアップ感覚で合わせています。2500円くらいで購入。

Low!

黒のストレッチタイトスカート（ユニクロ）
「タイトスカートは足さばきが悪い」というイメージを変えてくれた逸品。出始めから欠かさず買っています。2000円程度。

おわりに

ここまでお読みくださり、本当にありがとうございます。

最後に、なぜ私がここまで声を大にして「内面と外見の一致」から始まる〝装いのチカラ〟に情熱をかけて伝えているのか、お話しさせてください。

話は私の幼少期にさかのぼります。

お察しの通り、洋服が好きな子どもでした。

でも、もっと大好きなことがありました。お友達の輪の真ん中でみんなを笑わせることでした。「かなちゃん、吉本に入れやー!」と言われてまんざらでもなかったのを覚えています。

でも6歳の時、両親が離婚。大好きな父が出ていき、私は母に引き取られました。

母子二人だけの生活がスタートしました。

家に帰っても誰もいない。「パンでも買いなさい」とキッチンにお金が置いてある日々。たまに顔を合わせると、折檻が始まります。

「わたしは生きていないほうがいいのかな」と思ったある時から消える方法ばかり考えていました。しゃべる気力も食べる気力もなくなり、着るものもボロボロのまま。

ついたあだ名は「ボロ布」を意味する「ルンペンのかなちゃん」。

真ん中から端っこへ。友達も周りにいなくなりました。


幼いながらどん底まで考えに考え、疲れたある日、「私ホントはおもろいはずやん！」と、貯めたパン代をバッと つかんで近くのデパートに走りました。買ったのは、明るい黄色と白のボーダーのTシャツ。そして買ったばかりのTシャツを「エイっ！」と着て友達がいる公園に行きました。


その時です。

「何それ！　めっちゃ可愛いやん！」「どこでこうたん？」と友達が集まってきたの

です。

そして母までも「次の日曜、出かけるで」と言い始め、そのためのお揃いのポロシャツを買ってきてくれたです。

1枚の元気印のTシャツが、ひとことも話さずとも、ひょうきんな私の内面を周りの人に思い出させ、また関係をつないでくれたのです。

「ふくには、すごいチカラがあるんだ！」

お腹は空いていましたが、胸がいっぱいになりました。救われた気持ちになったのです。

そんな原体験から、服でみんなを笑顔にしたいとファッションの世界へ進みました。

ところが、冒頭でお話しした通り、30代でアパレルブランドのエリアマネジャーになった時、自分らしくないブラックスーツの鎧をまとってしまいました。

「部下から頼りなさそうだ、と思われたくない。」と全身ブラックで固めてしまう。

「キツく見られたくないの！」とフリルいっぱいの装いを選んでしまう。

「子どもっぽく見られるのがイヤ！」と地味色ばかりを買ってしまう。


就職、昇進、転職、恋愛、結婚、出産・育児など環境や役割の変化で、内面と外見がズレる機会が本当に多いんです。つい「変えなくちゃ！　このままじゃマズイ！」と焦ることもあります。私もそうだったから、よくわかります。

でもちょっと待ってください！


あなたは頼りないのではなく、「部下に寄り添える」という強みを持っているのです。

あなたはキツイのではなく、「凛としている」という武器を持っているのです。

あなたは子どもっぽいのではなく、「いくつになっても可愛らしい」というチャームポイントがあるのです。

私はお客様にカウンセリングする時、必ず「ありたい自分」についてお尋ねします。そしていつも感じるのは、「ありたい自分と今の姿はそう遠くない」ということです。「優しくありたい」という方は既に優しい方です。自分だけが気づいていないけれど、そうなのです。

レッスンの際、おしゃれの話ももちろんしますが、最初にお会いする時はほとんどはこの「あなたは既に素敵なんです！　なぜかと言うと……」と、お話しする中で私が発見した魅力をお伝えしています。最初は皆さん「そんなことありません」と卑下されますが、受け取ってもらえるまで、スタイリングしながら表現を変えて言い続けます。

なぜなら、それは揺るぎのない、あなただけのオンリーワンの魅力だから。

自分探しをしなくても、外見磨きに必死にならなくても、ありのままのあなたの魅力を表す〝装いのチカラ〟を味方につけることができれば、あなたはご縁や夢にぐっと近づくはずです。それが、私が22年間でのべ7000人以上の方にスタイリングさせていただいた経験から学び、日々実感していることです。

この本が、あなたのやりたいこと、ありたい自分への大きな一歩を踏み出すお手伝いができたら、私もとても嬉しく思います。

本書をつくるにあたり、たくさんの方に本当にお世話になりました。本が出ることを喜んでくださり、たくさんのアドバイスや応援をいただいた顧客の皆さま、性格タイプ診断のヒントをくださったあいざわあゆみさん、駆け出しの頃、厳しくも愛を持って育ててくださった政近準子先生、カメラマンの小野さやかさん、撮影をお手伝いいただいた染谷明る実さん、ヘアメイクの小林三紀恵さん、ライターの宮本恵理子さん、編集の大竹朝子さん、秘書の茂木ひかる、そのほか関わってくださった多くの皆さま。そして、いつもどんなときも私を応援してくれている夫と娘のりいちゃん。心から感謝申し上げます。本当に本当にありがとうございました。

たくさんの感謝と〝装いのチカラ〟を込めて　２０１６年春

みなみ佳菜

参考文献

『被服と化粧の社会心理学―人はなぜ装うのか』大坊郁夫・神山進 著（北大路書房）
『Styling Map 検定テキスト』一般社団法人日本ファッションスタイリスト協会 著（祥伝社）

本書に掲載されている洋服・小物はすべて著者の私物です。掲載価格はすべて購入時の参考価格であり、現在は発売されていない商品も多数ございます。ご了承ください。

4つの性格タイプから見つける いつの間にか人生が変わる服

発行日　2016年　5月15日　第1刷
　　　　2016年　6月15日　第3刷

Author　みなみ佳菜

Illustrator　中島慶子
Photographer　小野さやか
Book Designer　清水佳子

Publication
株式会社ディスカヴァー・トゥエンティワン
〒102-0093　東京都千代田区平河町2-16-1 平河町森タワー11F
TEL　03-3237-8321（代表）　FAX　03-3237-8323
http://www.d21.co.jp

Publisher　干場弓子
Editor　大竹朝子（企画・編集協力：宮本恵理子）

Marketing Group
Staff　小田孝文　中澤泰宏　吉澤道子　井筒浩　小関勝則　千葉潤子　飯田智樹　佐藤昌幸　谷口奈緒美　山中麻吏　西川なつか　古矢薫　米山健一　原大士　郭迪　松原史与志　蛯原昇　安永智洋　鍋田匠伴　榊原僚　佐竹祐哉　廣内悠理　伊東佑真　梅本翔太　奥田千晶　田中姫菜　橋本莉奈　川島理　倉田華　牧野類　渡辺基志　庄司知世　谷中卓

Assistant Staff　俵敬子　町田加奈子　丸山香織　小林里美　井澤徳子　藤井多穂子　藤井かおり　葛目美枝子　竹内恵子　清水有基栄　伊藤香　常徳すみ　イエン・サムハマ　鈴木洋子　松下史　永井明日佳　片桐麻季　板野千広

Operation Group
Staff　松尾幸政　田中亜紀　中村郁子　福永友紀　杉田彰子　安達情未

Productive Group
Staff　藤田浩芳　千葉正幸　原典宏　林秀樹　三谷祐一　石橋和佳　大山聡子　堀部直人　井上慎平　林拓馬　塔下太朗　松石悠　木下智尋　鄧佩妍　李瑋玲

Proofreader　文字工房燦光
Printing　株式会社シナノ

ISBN978-4-7993-1874-4　